附录

《人的行为》
导读手册

[美]罗伯特·墨菲 ◎ 著
吴烽炜 ◎ 译
刘雪琛 ◎ 校

海南出版社
·海口·

目 录
（导读手册）
CONTENTS

第一章　行为人　/001

第二章　人的行为科学的认识论问题　/009

第三章　经济学和对理智的反叛　/018

第四章　对行为范畴的初步分析　/023

第五章　时间　/029

第六章　不确定性　/034

第七章　在这个世界里的行为　/040

第八章　人的社会　/048

第九章　思想的作用　/056

第十章　社会中的交换　/062

第十一章　不用计算的价值排序　/066

第十二章　经济计算的范围　/072

第十三章　货币计算是行为的一个工具　/077

第十四章　交换学的范围与方法　/080

第十五章　市场　/087

第十六章　价格　/100

第十七章　间接交换　/113

第十八章 时间流逝中的行为 /131

第十九章 利率 /144

第二十章 利息、信用扩张及商业周期 /152

第二十一章 工作与工资 /165

第二十二章 非人力原始生产要素 /177

第二十三章 市场的外生给定条件 /182

第二十四章 利益的和谐与冲突 /187

第二十五章 计划经济社会的构想 /192

第二十六章 计划经济不可能进行经济计算 /196

第二十七章 政府和市场 /202

第二十八章 借由征税进行干预 /208

第二十九章 限制生产 /211

第三十章 干预价格结构 /216

第三十一章 通货与信用操纵 /223

第三十二章 没收和重新分配 /231

第三十三章 工团主义和社团国家主义 /235

第三十四章 战争经济学 /239

第三十五章 福利原则与市场原则之争 /244

第三十六章 干预主义的危机 /251

第三十七章 经济学的其他性质 /254

第三十八章 经济学在学术界的地位 /257

第三十九章 经济学和人生的一些基本问题 /263

第一章　行为人

本章概要

第一节　有意识的行为和动物性反应

人的行为是有意识的动作。行为的显著特征在于，观测者相信行为人有一个目标。(有意识的)行为有别于纯反射性的动作——人被巨大的响声吓得哆嗦，必定不是米塞斯意义上的人的行为。

行为学是关于人的行动的科学，即该领域所蕴含的一切结果，都能从人有目的（目标）并试图采取手段去实现这些目的之事实中演绎出来。至于具体是什么目的，选择的手段是否合宜，则处于行为学的范围之外。

人的每一次行动都是一次选择，行为人会在诸多替代手段中选择他最偏爱的。

第二节　行为的先决条件

行为产生的前提条件是，行为人必须处于一种不满意（不舒适）的状态（假如人全然满足，就不会有行为发生）。对于自己的不适，行为人必须能够想象出一种更加满意的状态。最后，行为人必须相信有目的的行为具有消除或减轻不适的力量。假如不具备最后这个条件，这个感到不适的人就不会采取任何行动，因为他不能够想象任何能改善他的处境的方法。

论幸福

将人的行为视为人在努力追求"幸福"，是可以接受的。然而，这种说法容易产生误解。在行为学当中，幸福（效用或满足）是纯粹的形式化用语，完全由个体行为人的主观意识来定义。

论本能和冲动

某些思想学派不认可行为学是理性主义的，而予以拒斥。这些批评者宣称，人就像其他动物一样，依靠本能去行动。这个观点存在两个问题。第一，即使这些批评是正确的，人真的是依靠"本能"行动，行为学也仍然有效。依靠本能的行动依然是人的行为，行为学研究人的行为，无须考虑其内在原因。第二个关于这个本能论述的问题是，人有别于低等动物，人显然能够抑制自己的生理冲动：殉道者宁可付出生命也不愿意舍弃信仰（违反生存本能）；生活拮据的夫妇会选择少生孩子，说明他们可以理智地抑制生殖本能。

第三节 人的行为是最终的给定

从本质上讲，科学不能解释一切。科学的进步依靠推动者打破认知的界限，但在任何时刻，科学或者学科必须从假设或"给定"开始，才能够（科学地）进步。在对行为的科学研究当中，研究的出发点就是行为本身。行为学只是将行为的存在视为理所当然的，并探求该事实的含义。

一切对人的行为的研究必须依赖方法论的二元论。其中，"二元论"纯粹是说，显然存在两种因果关系：一个是物理性的物质世界，由物理学家、化学家等日趋精确地描述其结构与规律；另一个是主观的精神世界，包括思想、感情、欲望等。而"方法论"一词并未表明米塞斯对于终极哲学思辨的立场，即米塞斯承认唯物主义者也许是对的，也许每一种思想真的能被直接归结为原子构型。尽管如此，即使在宇宙意义上这是真的，但米塞斯仍然认为，目前人们对心灵与肉体的关系了解得实在太少了，因而即便仅仅出于现实的考虑，行为学也必须采纳二元论。人看起来似乎拥有自由意志，并能真正在各种替代手段中做出选择。

第四节 理性和非理性；
行为学研究的主观主义与客观主义

"理性的行为"这个短语使用的修辞法是同义反复。一切行为必定都是理性的，即行为人使用手段（试图）达到目的。同样，也不存在"非理性行为"这样的事情。由于行为学将偏好视为给定因素，它并不分析偏好的内容。某些需求（如饱暖）

比其他需求更为普遍，但这并不能使这种需求显得更加"理性"。仅仅因为选择的手段不利于实现想要的目标而谴责一个行为是非理性的，也同样犯了错误。只要行为人真正相信某个手段会实现目标，实现这一因果联系的尝试就是一种行动。

行为学表现为主观主义，因为它将行为人的主观目的视为存在于每个人心中的目的。由于行为学不对这些目的做出判断，因此行为学本身是客观的。

第五节　因果观是行为的一个必要条件

因果观对于行为来说是必要的，如果行为人不了解原因及结果，就不会希望更改事件的发展过程，从而增加自己的幸福感。海森堡的不确定性原理及现代物理学的其他发展并未改变这一点。

第六节　他　　我

一切事件必然落入目的论或因果观领域，即一切事件要么属于行为人的意图，要么属于物理规律的机械化演变。许多理论家歧视目的论，但按照他们自己的主张，实证主义者必须承认"他我"（另一个我）的假设——假设他人意志的存在正如意识到自己意志的存在——是非常切合实际的。这比简单地将他人的身体动作视为化学过程（本能）的复杂结果要好。

论本能的作用

乍一看，动物的本能性行为介于目的论及因果观之间的中间地带。然而,"本能"仅仅是一个用于描述未为人知的动机的术语。行为主义者在分析动物行为时也不知不觉地接受了行为学的词汇。

绝对目的

行为学处理的是凡人的主观目的,与上帝或宿命是否将人类推往终极目的无关。

脱离尘世的人

某些哲学(如佛学)教导人们:当舍弃一切目标时,快乐就会降临。假如一个人真能达到这样一种植物人的状态,他将停止行动,行为学也将不再适用。

要点诠释

米塞斯在《人的行为》里多次对某些明显错误的观点提出批评,或者为某些明显正确的观点进行辩护,其煞费苦心的行为往往让现代读者为之困惑。读者必须了解,米塞斯并非在制作"稻草人"或者陷入某种偏执——一些有名望的思想家的确在支持米塞斯所反对的观点,的确在用毫无说服力的理论攻击经济学。

米塞斯一开始就非常小心地区分"理性行为"(他认为这是一个多余的词,因为行为注定是理性的)与反射动作(第4—5页)。这样区分的必要性在于,反对行为学的观点通常是,人的行为并非总是有理性的行为,人的行为常常与其他动物的行为一样(第9—11页)。经济学家越坚称一切人之行为源于冷静思考,批评者就越认为这明显不切实际。凭借谨慎地限制行为学所涉及的行为范围(而非更为一般的行为类型），米塞斯从定义上化解了这一特定的批评（在后续章节中，米塞斯将会深入论述"理性"在人的事务中的作用）。

论幸福的内容与功利主义的学说相关（第8—9页）。在最初的边沁主义形式中，善之标准会引起较少的（净）痛苦和更多的（净）享受。功利主义者意识到，某些享受（如造诣精湛的艺术或文学）较其他享受（如烟草或美酒）可以给人提供更持久的愉悦。然而，大多数涉及这方面内容的著作似乎只是享乐主义的改良版。19世纪的经济学家进而认为"效用"（utility）是可计量的心理满意度。正如米塞斯在本章所解释的，某人为了增加幸福而有所行动是一个无心理假设的纯粹形式表述。银行大盗及守卫均为了提高效用而有所行动。行为学必须认为前者的行动与后者的行动一样有效，因为行为学是就行为本身予以探讨。

知识点拓展

（1）米塞斯称行为人必须相信有意识的行为能够消除或至少减轻自己的不适（第7页）。这个措辞不甚明了且要求严苛。一个人只要相信特定选择可能会减缓不适，就会有所行动。例如，患有绝症的怀疑论者即便对治疗效果有强烈质疑，也会在绝望中求医于巫师。（米塞斯的措辞实际上与此类情形一致，其他关于奥地利学派的描述明确地——也是错误地认为，行为人"必须"相信他的行为会减缓不适）。

（2）在阐述最终给定时有一些模棱两可的地方。一方面，米塞斯清晰地阐明了人的行为是一个最终的给定，见第三节的标题（第11页）。另一方面，行为学对于行为的必要前提所述甚多，见第二节的标题（第6页）。解决这个明显矛盾的方法也许是回溯行为不仅仅只是行为人的外在行为，行为本身必然也包括行为人的主观动机。在这个意义上，称某人的价值判断"引起"一个行为是不合适的；行为依旧是一个终极给定的事实，不能被还原为某些前置成分（打一个不完美的比方，谋杀不仅仅是由杀人者对受害者的憎恶引起的，没有动机就不能成为谋杀）。

（3）有时，米塞斯对行为学的界限与理性本身的界限未加区分。例如，米塞斯称，批判别人的目的与意志是没用的。任何人都没资格说哪种情况会使别人更快乐或更满意（第14—15页）。诚然，目前行为学不能分析人的价值或偏好，只是把它们当作给定的条件。然而，这并不意味着"批判别人的目的与意志是没用的"。从米塞斯强烈反对计划经济的拥护者可以推断，米塞斯实际上在谴责他们的目的。以此类推，父母总说如何可以让孩子快乐，而这种说法不全对（无论孩子如何认为）。没有人能够辨别另一个人的偏好是什么，对此我们有充足的理由。即便如此，行为学也不排除对他人偏好的批评，只是行为学自身无法形成这样的批评。

习　题

第一节　有意识的行为和动物性反应

- 行为学与心理学有什么区别？
- 为什么说行为并不只表示对某些事物的偏好？
- 米塞斯所说的"行为是真实的存在"何解？

第二节　行为的先决条件

- 行为的诱因是什么？
- 人的行为的一般条件是什么？
- 为什么称"人的唯一目的是获得幸福"是同义反复？
- 人的行为与动物的行为有什么区别？

第三节 人的行为是最终的给定

评论："在目前的情况下，鉴于人的行为不能被追溯到背后的原因，所以它必须被视为最终的给定，而且必须被当作最终的给定来研究。"

第四节 理性和非理性；行为学研究的主观主义与客观主义

- 为什么"理性的行为"这个词被认为是多余的？
- 为什么"非理性"这个词包含着价值判断？
- 为什么不适合实现特定目标的行为不能被当成"非理性的"？
- 为什么我们这门科学的客观性在于主观主义？

第五节 因果观是行为的一个必要条件

- 因果观以什么样的方式影响人的行为？
- 为什么一个人要有所行动就必须认识到事件、过程或事态之间的因果关系？假如他错信因果关系，会有行为产生吗？

第六节 他 我

- 行为学怎样处理对他人行为的分析这个问题？
- 为什么行为主义与实证主义不适于解释人的行为的实在性？
- 为什么只有因果观及目的论才是人的研究领域当中的适当方法？
- 行为学能从动物心理学当中学到什么？
- 行为学以何种方式处理有目的的人的行为？它与历史哲学的区别何在？

第二章　人的行为科学的认识论问题

本章概要

第一节　行为学与历史学

行为学与历史学是人类行为学的两个主要学科[1]。历史学是关于人的行为的一切经验数据的收集及系统化整理。自然科学也研究过去的事件，但对归纳法的成功运用有赖于过去实验的经验。相比之下，在人类行为学当中，不存在可控的实验，因此人类行为学需要全然不同的研究方法。行为学从人之行为的事实出发，运用逻辑演绎得出对过去及未来所有行为均为有效的先验真理。

---

[1] 原文是：Praxeology and history are the two main branches of the sciences of human action.

第二节　行为学的形式性特征和先验性特征

人类思维的逻辑结构是一种不可分析的最终的给定。人不能"证明"逻辑关系，因为这样的证明本身依赖逻辑。因果观及目的论（通过归因于有意识的动机来了解特定事件）是人们了解世界的前提条件。

原始人的逻辑和现代文明人是否不同

某些人类学家相信原始部落成员拥有"前逻辑的"思维方式。这种说法混淆了这些部落成员的思想内容与逻辑结构。求雨的舞者也是在采取手段以达到目的，只是他们拥有与西方人不同的技术和信仰。

第三节　先验和真实

行为学的主张尽管是先验性的，但依旧"教给我们"某些关于真实情况的知识。几何或数学定理同样只是初始假设或公理的转换，但可以肯定，数学增加了人的知识，并让人们在真实世界中实现了更多的目标。

对于人的行为，我们只能用行为学的先验知识解释过去的交易、成本等，而不是依赖过去的经验，以概括并得出一个暂时性的经济学理论。不事先了解行为的含义，我们就只能感知身体动作，而对买入与卖出一无所知。

第四节　方法论的个人主义原则

行为学论述的是个人的行为。诚然，人们在把自己视为一国的成员或者一个帮派分子时，也许会有不一样的行为。即便如此，在战争中也不是一国轰炸了另一国，而是武装部队中的个人选择服从这样的命令。

我和我们

人们在使用"我们"一词时，显然采用了集体主义的思维方式。实际上，个人与所谓集体行为无关。假如美国公民称"我们赢得了第一次世界大战"，确切来说，这当然是错的，而"我"这个词就不会引起这种误解。

第五节　方法论的单次主义原则

行为学处理的是个人的一次行为，而不是概念含混不清的行为。那些以集体主义观点思考问题的人会被经典的"水与钻石的悖论"困住：为什么钻石比水贵，同时后者却更为重要？

第六节　人的行为的具体内容：个体特征与变化特征

即便"普通人"不能"独立思考"，他也要选择传统的行为模式。假如某人投票给共和党是因为他的父亲就是这样做的，那么这仍然是行为学意义上的行为。

第七节　历史学的范畴和特定的研究方法

历史学家不能简单地让事实不言自明，因为这会导致"不和谐的声音"（cacophony）。相反，他们必须运用自己的先验价值判断及相关理论决定相关事实是什么，并且相应地描述那个事实。

历史学家必须依靠其他学科的知识。但是，当行为学、物理学、数学等对解释历史事件无能为力时，历史学家就要依靠"了解"这个方法，"了解"是历史学家的独特贡献。

第八节　构想和了解

人类行为学的任务是去探索人的行为的意义和影响程度。想象是行为学的工具，而了解则是历史学的工具。

自然的历史和人类的历史

各门自然科学都会涉及处理历史事件问题，尤其是在宇宙学及地质学领域。然而，它们完全依靠自然科学方法，而不涉及了解。

第九节　论理念类型

历史学家所依靠的理念类型，代表他们对历史事件影响程度的一些判断。与行为学甚至自然科学的概念不同，理念类型不能分析其必要性和充分性。经济学理论关于企业家的论述对一切企业家都有效，但历史学家对该名词的使用也许只适用于某些时期或某些人。

第十节 经济学的程序

经济学从行为的事实当中进行逻辑推论,它凭借分析行为可能发生的具体条件(如假设有一个被人普遍接受的交换媒介)来研究行为的具体情况。

对于那些与我们的世界完全不同的世界,研究其中的人的行为的含义是有可能的。例如,行为学可以考虑劳动不产生负效用的情况。但科学之目的是了解真实情况,所以行为学将自身研究局限于那些真实世界中能符合先决条件的情况。即便如此,这些推论也完全是先验的。我们对经验的运用,是为了将有关思考从无关的思考环节中筛选出来,而不是为了判断某些推理环节的有效性。

第十一节 行为学概念的局限性

行为学只有运用在行为人的身上才有意义,当遇到像基督教、上帝这样的存在时,它就会陷入悖论。行为意味着存在不适,而一个无所不能的人一下子就能获得完全的满足感。

要点诠释

认识论寻求回答这样的问题:"我们如何能够'知道'某些事物?"在本章中,米塞斯建立了行为学的认识论基础。也就是说,他解释了经济学家及其他社会科学家是如何得出关于行为人的概念,并且相信这个结论的。

特别是在 20 世纪的历史进程中，大部分经济学家认为他们需要模仿物理学家的方法找到自己领域的科学规律。米塞斯坚持行为学的立场是"先验的"，这使他们大为震惊。

假如一个陈述是先验的，其正确与否就不需要外部观测了。例如，我们验证毕达哥拉斯定理就不需要通过测量的方法。另外，倘若一个陈述是后验的，那么仅仅靠逻辑推理是无法证明或证伪它的。例如，假设某人说"太阳散发热量"，那么，要鉴定这个观念的正确性，感官测量就是必要的。

知识点拓展

（1）米塞斯的分类法有点不够明确。在第 4 页，他已将行为学定义为人的行为的一般理论。可在本章第 30 页，他又称行为学只是人类行为学的一个门类。

（2）米塞斯主张自然科学的进步是因为它可以依靠试验加以归纳。"虽然结果表明这种推论方式是方便实用的，但在认识论层面，如何为它定位仍是个有待解决的问题。"（第 29 页）

米塞斯在这里是指，至少自大卫·休谟开始的哲学家就已经注意到自然科学方法中实际包含着谬误。在实验中 X 连续引发了 35 次 Y，这在逻辑上并不意味着 X 是 Y 的原因。即便如此，也没有人能否认实验方法在自然科学中的"成功"。

（3）米塞斯区分了先验陈述及后验陈述。汉斯·赫尔曼·霍普受康德的启发做了另一种区分，即对分析性陈述及综合性陈述的区分（分析性陈述仅仅通过分析命题的成分来确定其正确性，如"一个单身汉是一名未婚男性"；而综合性陈述则增加了我们的知识；它们都指向真实世界，不单单是一种概念）。霍普认为，米塞斯的巨大成就就是证明了真实的综合性先验的命题的存在，而休谟及其他哲学家则认为这些命题是不可能的。

尽管这是对米塞斯框架极好的扩展，然而有趣的是，米塞斯在《人的行为》中没有评论过分析和综合这两种方法。

习 题

第一节　行为学与历史学
- 行为学的两个主要门类是什么？
- 历史学的研究领域是什么？它能告诉我们未来的事情吗？
- 借助历史知识建立一个人的行为的后验理论是可能的吗？

第二节　行为学的形式性特征和先验性特征
- 为什么米塞斯主张基本的逻辑关系是不能加以证明或否定的？
- 方法论先验主义的意思是什么？
- 为什么称原始人的思维逻辑结构有别于文明人是错的？
- 行为是否意味着实现想要实现的目标？

第三节　先验和真实
- 先验推理能够增加我们的知识吗？
- 行为学为什么与自然科学截然不同？
- 为什么历史不能教会我们任何规则、原则或定律？

第四节　方法论的个人主义原则
- 集体能够有所行动吗？为什么？
- 为什么有必要通过对个人行为的分析去考察整体？

- 为什么做出行为及做出选择的总是一个自我?

第五节 方法论的单次主义原则
- 选择行为总是意味着什么?
- 每个行为的两个方面是什么?

  评论:"人,从来不是在一般概念的黄金和一般概念的铁之间做选择,而是永远都在某一确定量的黄金和某一确定量的铁之间做选择。"

第六节 人的行为的具体内容:个体特征与变化特征
- 遗传及环境是怎样支配行为的?
- 行为学是如何处理习惯的?应将其归于自觉的行为和有意识的选择吗?

第七节 历史学的范畴和特定的研究方法
- 一个人能够不带价值判断地展示历史吗?
- 历史学家的真正问题是什么?
- 历史能够反驳经济学理论吗?

第八节 构想和了解
- 对行为学的认知与对历史的认知的区别是什么?
- 历史能够成为科学吗?
- 为什么在经济学领域,我们不可能测量各个量的关系?
- 为什么行为总是具有投机性?

第九节 论理念类型
- 历史事实是独特且不可重复的,但它们有什么共通之处?

评论： "物理学家把历史事件改造成自然科学实验，他不理会那个积极参与的实验者，而是试图把那个实验者设想为一个中立的观察者和纯粹叙述事实的人。"

第十节 经济学的程序

评论： "人类的任何一个成员，除非遭受病魔侵犯，变成植物人般的存在，否则便不会欠缺这种知识。要认识行为学的定理，不需要特别的经验；但要让某人理解什么是人的行为，那么这个人就必须要有先验的知识，否则他也不可能理解。"

- "科学的目的，是要认识真实"，这句话对经济学的适当程序意味着什么？

第十一节 行为学概念的局限性

- 当哲学家和神学家试图将行为学的范畴运用在一个绝对存在的对象身上时，它不会像行为人那样受到限制，这样将会发生什么？

第三章 经济学和对理智的反叛

本章概要

第一节 对理智的反叛

理智是行为人的基本工具。对理智的现代性反叛并非源于理性主义哲学家的夸大其词。事实就是，由于不能击败古典经济学家的论证，他们的对手转而挑战理智本身。一旦该领域闸门洞开，虚无主义及怀疑论就会泛滥于各类思想之中。

第二节 多元逻辑说的逻辑面

多元逻辑说宣称，资产阶级的思维方式从运行原则上迥异于无产阶级的思维方式，种族多元逻辑说将不同逻辑结构归因于不同种族具有不同的思维方式。一旦工人当上了工厂主，异族父母生育了混血儿，此等学说便土崩瓦解。

论及李嘉图等古典经济学者的资产阶级思维方式尚不足以

否定多元逻辑说。多元逻辑说的支持者若要言行一致，就应该定义那些与资产阶级逻辑相对立的无产阶级逻辑的公理，以证明为什么李嘉图主义经济学家在前一体系中有效，而在后一体系中失效。显然没有多元逻辑说的支持者愿意尝试这样的证明。

第三节 多元逻辑说的行为面

多元逻辑说使用"意识形态"这个词，表示某种学说是错的，它不过是服务于某个阶级的利益。这种立场是站不住脚的：错误的思想怎么可能有利于一个阶级呢？

为了使经济学家对计划经济的批判失去信誉，有人发展出多元逻辑说。这种学说对经济学家的立论不予直斥，而只声称经济学家的学说有利于资产阶级。即便心理动机是根本因素，也不影响一种理论的有效性，理论成败自有其标准。

第四节 种族主义的多元逻辑说

不同种族拥有不同思维逻辑结构的主张，忽略了理智发生作用这个事实。假设其他种族所具有的思维逻辑的确不能把握因果关系，也无法完成有效的推理，那么拥有这样的思维的成员已被自然选择淘汰。其他种族在多大程度上超越了动物的本能行为，他们也必定在相应的程度上享有白种人所拥有的（成功）逻辑能力。

第五节　多元逻辑说和了解

多元逻辑说的温和版只是赞成各阶级或种族内部享有相似的价值判断和历史了解。这个说服力较弱的主张也忽视了各阶级与种族内部的异质性。它重演了多元逻辑说支持者的错误思维，即错误判断可能是有益的。

第六节　坚持理智的理由

理性是一个最终的给定，一个非理性的事实。一个人无法通过逻辑论证建立理智本身的有效性。然而，理智是处于行为中的人的首要工具，是人与其他动物的区别所在。不存在非理性思维模式这样的事物。抛弃理智而重归"本能"的指导将摧毁文明的根基。

要点诠释

米塞斯认为，推翻多元逻辑说是至关重要的。若不直接批驳这种思想，行为学就如同立足于流沙之上。持反对意见者可以无视此书理论体系的一贯性，而将其视为建基于"资产阶级逻辑"而不屑一顾。

知识点拓展

（1）有趣的是，米塞斯对多元逻辑说的处理揭示了他自己在这个问题上的观点。米塞斯声称产生这个学说的动机是挑战古典经济学家的需要,但米塞斯的批评并未止步于此。他在《人的行为》中对多元逻辑说的缺陷的论述颇费篇章。

(2)多元逻辑说是一种强有力的学说,不应将这个学说与与其表面相似的看法混淆。米塞斯不否认不同背景的人对某些问题会有"不一样的思考"。他所否认的是,此类人的思维方式会依据"不同逻辑结构"运作。米塞斯同样意识到特定群体可以获益于错误信念的灌输。但真正的马克思主义者并不认为,资本家明知道那些关于自由的学说是错误的仍赞助宣传自由的小册子;正相反,真正的马克思主义者会说,资本家的思维方式对于看到这些学说的不足之处是无能为力的,因为这样将有损于他们自己的利益。

(3)米塞斯在写"那种认为先验的领悟和纯粹的推理不会传达任何关于现实和宇宙结构的信息的观点是不正确的"(第101页)一句时,肯定了霍普关于综合性先验真理(synthetic a priori truths)的阐释(尽管用的术语不一样)。

习 题

第一节 对理智的反叛

- 米塞斯所说"对理智的反叛,瞄准的不是自然科学,而是另一个目标——经济学"是什么意思?
- 为什么有人说人的理智"生来就不适合"探寻真理?

第二节 多元逻辑说的逻辑面

- 对多元逻辑说所运用的社会阶级及种族概念,米塞斯有一些"更严厉的反对理由",请举例。

第三节　多元逻辑说的行为面
- 从行为学角度来看，为什么"意识形态"方法是错误的？
- 为什么考察一个理论时，它的创造者的心理背景是不重要的？
- 工人之间的竞争怎样与马克思的工人阶级利益理论相关？

评论："这就是思想塑造历史，而非历史塑造思想。"

第四节　种族主义的多元逻辑说
- 为什么多元逻辑说与科学和理智相悖？
- 不同种族是否有不同的思维逻辑结构？
- 是否有人记录下不同种族的不同思维逻辑结构？

第五节　多元逻辑说和了解
- 是什么决定了价值判断与目标选择？
- 最初是谁说的，"没把鸡蛋打碎，就做不出蛋卷"？

第六节　坚持理智的理由
- 我们能非理性地研究科学吗？
- 是什么驱使知识分子转向计划经济？
- 我们能够证明逻辑先验基础的有效性吗？

第四章　对行为范畴的初步分析

本章概要

第一节　目的和手段

目的（目标或意图）是行为人追求的结果。手段是可用以实现目标的任何东西。目的和手段在物质宇宙中并不存在，它是"心灵标尺"（valuing mind）审视物质世界的产物。

行为学本身并不关心理想的行为，也不在乎谁拥有高贵的目的，也不评价实现目的的最佳手段。行为学将行为人的目标与满足目标的手段当作分析的起点。假如人们误信某种根茎具有药用属性，那么它在市场上就会有价格。经济学家必须就事论事地看待人，只有这样才能解释市场现象。

自由财和经济财的常见区分毫无帮助。因为自由财并不稀缺，所以它最好被当成人类幸福的一般条件。直接满足人的需要的财货是消费财或第一顺位的财货（门格尔使用的术语）。不能直接满足需要而要借助其他财货的财货，被归为生产财或生产要素，或较高顺位的财货（门格尔使用的术语）。从概念上来看，一个人可以根据与最终目的的远近来安排较高顺位的财货；第二顺位财货配合生产第一顺位（消费）财货，第三顺位财货用于生产第二顺位财货，以此类推。

非物质的经济财被称为"服务"。

第二节　价值排序

一个行为人的目的可能互相冲突，但在任何特定行为中，他必须满足某些需要，而置其他需要于不顾。行为学家说这个被满足的目的在价值排序上高于其他目的，并以此来解释这个行为。价值存在于行为人的心中而非标的物中，行为人将这些标的物列为直接满足需要的手段或达到终极目的的手段。

第三节　生理需要的排序

尽管其他学科（如心理学）可以有效区分"真正的"需要、"有条件的"需要和人为制造的需要，但经济学家不需要这样的区分方式（scheme）。整个经济学建立在真实的个人所拥有的主观价值排序之上。

第四节　行为即交换

行为是人尝试用一种比较满意的状况代替另一种比较不满意的状况。在这个意义上，一切行为都是自愿交换。被放弃的一方就是行为的代价，行为所花费的成本就是行为人所付出的代价的价值。另一种表达方式是，行为人所花费的成本是为了达到选择的目的所必须放弃的满足某种需要的价值。

行为的代价（成本）的价值与实现目标的价值的差额是行为的利得、利润或净收益。在这个意义上，利润是纯粹的主观范畴，且不可测量，这是因为幸福的增加是一个不可量化的心理现象。行为只能对目标采用排序的方式，即第一、第二、第三等。某一次交换仅仅表明行为人偏好哪个，而非"多大程度"的偏好。

行为人容易失误，一个行为常常不能实现他的目的。然而，假如行为的结果相对于原来的状况更为可取，行为人仍旧会享有利润（尽管比原先期望的要少）。但如果实际结果较行为付出的代价更大，即结果不尽如人意，那么行为人就要承担损失。

要点诠释

本章相对简短，内容看似简单，但实际上却相当值得研究。因为本章是米塞斯最终将他的"哲学切线"（philosophical tangents）与"真实的经济学"相联系之处。尤其是，米塞斯阐明了行为概念包含了"价值""价格""成本""利润"和"亏损"的概念。这些概念不是存在财货交易和货币交易的有组织的市场才有的派生现象，实际上它们作为基本范畴，在一个孤立的行为人与自然交易的场合中也仍然存在。

在本章中，米塞斯为资本结构的奥地利学派方法论搭建了框架，依据财货离最后消费行为的远近来确定财货的顺位。

知识点拓展

（1）行为学既不假定人们拥有明智的价值排序，也不假定他们在追求目标的过程中是全能的。这与主流经济学的方法论形成了鲜明对比。这些主流经济学者明确做出假定，他们的理论模型当中的代理人是解决复杂问题的计算超人，总能得出最优解。

（2）米塞斯指出，门格尔财货顺位的用意纯粹是为了确保概念清晰（第111页）。经济学家实际上不需要确定消费财"真的"是杂货铺的那片面包，还是家庭午餐时正被送入某人嘴里的那块三明治。关键在于，一旦终点被指定（无论多么武断），所有高顺位的财货的价值都取决于这个指定的消费财货的价值。

（3）米塞斯写道的"我们所知的关于这种排序的唯一方法是观察某个人的行为"是读者极易忽略的观点（第112页）。米塞斯的看法并未停留于表面：由于外部观测者无法确知另一个人的价值排序，所以才必须止步于将人的行为视作代理模式。米塞斯相信更深层次的说法，即价值排序本身是一个思维结构，只有在专属于个人的"手段-目的"框架背景中才存在。所以，不是价值排序的存在产生行为，而是可怜的行为学家只能看到这个行为。确切地说，米塞斯主张，正是将特定的物理事件归类为行为这个行动本身，对特定行为人来说意味着价值排序。

（4）尽管有些模棱两可，但是对于基数效用论者，米塞斯似乎比罗斯巴德要温和（例如，罗斯巴德在《通往重建效用及福利经济学》一文中，批评了等级排序的说法，如一个人稍微地偏好牛排甚于汉堡，但强烈地偏好汉堡甚于鼠药作为晚餐）。当评论心理利润时，米塞斯写道："在消除不适感时，人会有或多或少的感觉。但是，一种满足感超过另一种满足感的多少，只能被感觉到，而不可能以某种客观的方式加以确认或测算。"（第 115 页）。这个妥协看似很有必要，因为米塞斯接着评论了那种可能产生利润（尽管"少于预期"）（第 115 页）的行为。从表面上来看，这种可能性似乎承认了两种结果都比第三种要好，而其中一种比第三种更好的说法是前后一贯的。

习题

第一节 目的和手段

- 我们将一个行为追求的结果称为什么？它所减缓的是什么？
- 什么是手段？一个事物与一个手段的区别是什么？
- 经济学研究的是什么？
- 为什么手段必然受到限制？
- 哪些财货是人的行为的目的？
- 哪些财货被定义为"消费财"？
- 哪些财货被定义为"生产财"？
- 哪些财货被称为"服务"？

第二节 价值排序

- 价值排序如何表现出来？在行为学中，我们关于一个行为人价值排序的知识是怎么来的？

  评论："价值不是固有的，不是事物的内在性质。价值存在于人的心中……"

第三节 生理需要的排序

- 摆在第一位的行为目标是什么？

  评论："但经济学必须解释的是……价格，而不是它们在假设条件下会是什么价格"。

第四节　行为即交换

- 什么是行为？
- 如何定义交换？
- 什么是成本？
- 什么是利润？
- 为什么说基数效用的方法是错的？
- 当行为不能达到目的时会发生什么？

第五章 时　　间

本章概要

第一节　行为学的时间因素

在一个逻辑体系（如数学）中，所有含义是同时存在并互相依存的。说几何学公理"导致"其理论为真是不正确的。尽管凭有限的思维方式，人必须一步一步地完成几何证明。

行为学在逻辑体系的意义上也是"超脱时间"的。然而，该体系本身包含着变化、因果等成分，以及时间早晚这样的概念。

因此，行为学的主题、内容与时间密切相关。

第二节　过去、现在和未来

使人意识到时间流逝的正是行动。时间本身是行为的范畴。不了解行为，人就不能了解时间的意义；没有时间的概念，人就不能了解行为。

在其他学科（如哲学或物理学）中，"现在"只是过去与未来的理想分界。但在行为学中，有一个真实的、延伸的"现在"。在行为学中，"现在"不被定义成某些单位的连续，或者能被钟表或天体自转测量。相反，"现在"一向被定义成采取某种潜在行为的成熟机会。一旦条件改变，采取潜在的行为就不能实现所要达到的目的，"时机已经消逝"，曾经的"现在"成为过去。

第三节　节约时间

时间是稀缺的，正因如此，它必定被精打细算和节约利用（economized）。生活在世外桃源（那里的每种物质欲求都能不劳而获）里的人对这点再清楚不过。即使在这个假定的世界中，人依然需要按一定时间顺序来安排自己的各种享受。尽管财货和服务取之不竭，但时间早晚的概念仍有其意义。

第四节　行为在时间上的关系

（同一个人的）各个行为不可能同步发生，必须在各个时间段里相继发生。给定行为可能即刻达到几个目的，但将其定义为数个同时发生的行为则有误导性。

一个人拥有价值排序，从而"导致"他以某种方式行动的这个假设是错的。相反，旁观者推断存在一个隐含的价值排序，也只是为了赋予行为意义。这就是作为一个原始事实（brute fact）的行为。由此可知，当某些思想家试图参考个人的价值排序去判断其行为时,他们就好像能够发现某些不一致性或"非理性",这样是无意义的。

要点诠释

本章之所以重要,有以下几个原因。首先,时序偏好是米塞斯利息理论的关键部分,所以米塞斯希望在构建行为学框架的最初章节中就阐明时间的特殊作用。其次,米塞斯想要证明时间维度不同于三维空间;他运用了奥德瑞斯科(O'Driscoll)与里佐(Rizzo)所称的柏格森(第32页脚注1)时间。时间与空间不同,时间有某种质的不同(由于时间的不可逆性),这种不同与行为有着重大关联性。最后,本章之所以重要(如以下知识点拓展中所继续评论的),是因为它强调了行为学与主流效用理论的区别。

知识点拓展

(1)当米塞斯写下"在行为学体系的框架里,任何关于函数相对应的论述,都如同在逻辑体系的框架里对前因和后果的论述,具有隐喻性和误导性。"(第117页)时,他针对的是主流经济学。在新古典模型中,所有的均衡价值是"同步的",从而使这类问题变得毫无意义。"是什么导致苹果的价格达到每磅2美元?"坦诚的新古典经济学答案不过是:"当各等式均正确时,这是唯一的价格。"

(2)与上述相关的是米塞斯主义者对柏格森时间的强调(与物理中的牛顿的时间相反)。这里再一次通过与主流模式的对比,揭示了米塞斯的立场。在由阿罗(Arrow)和德布罗(Debro)设计的一般均衡模型中，一个人当然能用一种极为抽象的方式处理时间。例如，一个人可以设想在任何时间可获得 N 种类型的财货，并且允许顾客在从 t=1,2,3……的任何时间购买这些财货，甚至名义上的毛利率也可以用这样的框架表示为特定的一篮子物品在时间 t 与时间 t+1 之间的加价率。这种生硬的方法有明显的缺陷。在经典力学模型中，时间只是另一个维度，未来相对于过去绝无特殊性。在下一章中，米塞斯在处理不确定性时，会评论人们对这个观点的不同理解。

（3）关于一致性的探讨是对主流经济学所做出的回应（第121—123页）。在序数价值排序的形式模型中，主流经济学坚持某种"理性主义"标准。例如，他们假设一个代理人会比较两种选项，并决定偏好哪个（或者假设他是无差异的）。他们还通常假定价值排序是可传递的：假如 a 优于 b，b 优于 c，那么 a 必定优于 c。对于主流经济学而言，要想使模型行得通，这个假定就是必要的。尤其是，假如他们要运用理论证明基数效用函数能够代表序数偏好排列，排列顺序的传递性就是必要的。米塞斯证明了在真实世界中，行为永远不能表明一种可传递的价值排序（相比之下，保罗·萨缪尔森的那种"揭示偏好"承认这种可能性，尽管萨氏的方法在这种情形下不可行）。价值排序实为一种思想工具，米塞斯无疑认为主流经济学对这种思想工具期望过高，而行为是具体的、真实的。

习　题

第一节　行为学的时间因素

- 什么使得思考本身成为行为？
- 逻辑体系与行为学体系的区别是什么？

第二节　过去、现在与未来

- 为什么行为必然针对未来？
- 人是怎样意识到时间的概念的？
- 对于行为人而言,"现在"起到什么作用?

第三节　节约时间

- 时间与经济财有什么相通之处？
- 时间与经济财有什么区别？

第四节　行为在时间上的关系

- "时间早晚"是什么意思？
- 昨天的目标会以什么方式（若有的话）服务于今天的行为？
- "如果一个人对 a 的偏好甚于对 b 的偏好，对 b 的偏好甚于对 c 的偏好，那么，就逻辑而言，他对 a 的偏好应该甚于对 c 的偏好"的论证错在哪里？
- 一致性的逻辑概念与一致性的行为学概念有什么区别？
- 始终如一与理性有什么区别？请举几个例子。
- 米塞斯为什么使用股票市场投机的例子？他试图证明什么？

第六章 不确定性

本章概要

第一节 不确定性和行为

行动包含着未来的不确定性。假如未来是已知的，行动就缺少动力。行为学家能够意识到这个事实，而无须立足于"人是否真正自由"这个哲学问题。即使所有事件都为自然规律所决定，我们也不能保证准确地预测一切未来事件。这就给人的行为留有余地。

第二节 或然性的意义

或然性问题——使用不完全知识进行决策——是贯穿多个学科的普遍问题。然而，数学家处理或然性问题的方式使不少人相信他们远比实际知道得多。

有两个截然不同的或然性领域，即类的或然性和个案的或然性。前者适用于自然科学,由因果观(因果机械法则)支配;而后者适用于社会科学,由目的论支配("手段-目的"框架)。

第三节 类的或然性

在类的或然性中,我们知道关于类的全体——事件或现象的一切,却对构成类的个体一无所知。例如,假如我们玩轮盘赌博,我们知道类的可能结果,但我们完全不知道下一轮的特定结果——除了它是类的一分子。形式符号和或然性演算虽然允许运用这个知识,却不能丰富这个知识。

赌徒与保险业者的区别不在于数学计算的差异:事实上,保险业者是通过纳入全类(使用一个合理的近似值)来分摊风险的。假如人寿保险公司只能将保险卖给少数人,那就是赌博,无论其精算方法多么深奥。

第四节 个案的或然性

当我们知道影响一个特定事件的某些因素,却不知道会影响结果的其他因素时,就可以适用个案的或然性。

在个案的或然性中,所涉事件不是一个更大的类(我们对它拥有非常具体的知识)的一部分。例如,对于一场赛事或政治竞选,尽管过去的结果信息丰富,但其本身还是无法给予这个状况一个类的或然性——这些类型的事件组成了本身的"类"。

他人的行为是个案的或然性的真实例子。因此,即使预测自然事件能够做到准确无误,每个行为人仍然必须成为一名投机者。

第五节　个案的或然性数值评估

当涉及归入个案的或然性事项时，人们会使用或然性的统计语言，这纯粹只是打比方。例如，有人会说："我认为希拉里·克林顿成为下任总统的概率为70%。"但仔细思考一下，这个陈述其实毫无意义。这里所说的选举是一个特殊事件，并不属于能确立这类事件发生频率的一个更大的类。

第六节　打赌、赌博和竞技比赛

一个人在知道某些相关因素的情况下，为了某个结果而甘用金钱冒险的行为是在打赌。当他只知道这个类中不同部分的发生频率时，但他为了某个结果而甘用金钱冒险是在赌博（两类活动大致符合个案的或然性和类的或然性的区分）。竞技活动是一种特殊类型的行为，但反过来讲则不对，不是所有行为都能被描述成比赛的一部分。

尤其是，将市场经济模型化为"博弈论"（Theory of Games）的企图是极具误导性的，因为在（大部分）游戏中，参与者企图击败对手，而市场中所有参与者皆可获益。

第七节　行为学的预测

行为学能够对未来做出某些预测，但这些预测必然是定性的。例如，它能告诉我们，对苹果需求的回落将导致更低的苹果价格（在其他情况不变的前提下）。但行为学无法单独告诉我们，个别变化将引起苹果价格下跌9%。这样的定量预测只有借助了解才可能实现，但不是必然的。

要点诠释

在这简短的一章中，米塞斯完成了几件事情。首先，他在行为与不确定性之间建立起必然联系——鉴于新古典经济学家对不确定性的长期忽视，因此，单凭这一点，本章的重要性就不言而喻了。除此之外，米塞斯还说明了或然性数学形式的局限性。这一点依然重要，因为在对"完全信息"的批评上，主流经济学家的回答纯粹只是将问题往回推一步，不再假设模型中的代理人完全知道未来，代之以假设代理人知道模型中随机变量的或然性分布，然后决定未来的结果。伊兹雷尔·柯兹纳对这个"非答案"做了广泛探讨。最后，米塞斯在不经意间为类的或然性的定义本身提供了一个精妙的结论，顺带指出了传统数学处理方法的循环性！

知识点拓展

（1）在本章，米塞斯提到了自然科学的"定理"（第125—127页）。这种用法不同于当代大多数科学家的表述。在现代用法中，定理是演绎证明的结果。结合上下文，米塞斯显然在评论物理学家及化学家自己认为的"定理"。

（2）在评论类的或然性时，米塞斯提到所有涉及"等概率事件"这样的或然性定义"所隐含的低级循环的弊病"（第130页）。他思考的似乎是，在某些数学文献中的典型的或然性方法，50%的概率的定义是"一种结果与另一种结果的可能性完全相等"。这个方法是循环性的，因为它在定义或然性的概念时涉及或然性的概念。

（3）现代经济学家也许会嘲笑米塞斯对博弈论的简单否定（第138—140页）。他们尤其会争论说，博弈论能够将所有参与者都受益于合作的情况模型化。然而，在米塞斯写作的时代，诺依曼和摩根斯顿的开创性论文仅有几年历史（第139页，脚注1）。在这部著作中，博弈论仍旧着眼于"零和博弈"，即一人之获利乃他人之亏损。况且，这也是大多数人使用"博弈"这个词时想表达的意思。现代博弈论的的确确脱离了这个限制，但也仅仅丰富了这个词的含义，使之包含所有的策略互动，其中，一个参与者的收益既是他自身行为的函数又是其他参与者行为的函数。

习　题

第一节　不确定性和行为

- 在行为领域，不确定性的作用是什么？
- 行为是否总在冒险？为什么？

第二节　或然性的意义

评论："或然性问题的处理被数学家弄混了……"

- 为什么穆勒在提到或然性演算时，使用"数学的真正耻辱"这个表述？

第三节　类的或然性

- 类的或然性的定义是什么？
- 从或然性统计中，我们能得到什么补充信息？
- 保险与赌博有什么区别？

- 保险属于类的或然性的领域吗？为什么？

第四节　个案的或然性
- 个案的或然性的定义是什么？
- 类的或然性及个案的或然性的区别是什么？
- 运气、赌博、投机及冒险的区别是什么？

第五节　个案的或然性数值评估
- 为什么类的或然性容许数值评估？
- 为什么对于个案的或然性的问题来说，了解是重要的？

第六节　打赌、赌博和竞技比赛
- 打赌与赌博有什么区别？赌博如何成为打赌？
- 打赌是一个行为吗？赌博是一个行为吗？
- 心理学家为什么容易混淆竞技比赛与竞争？
- 为什么说用军事术语描述商业运作是不合适的？

第七节　行为学的预测
- 利用行为学的知识能够预测什么？
- 定量方法与定性方法的区别是什么？

第七章　在这个世界里的行为

本章概要

第一节　边际效用法则

行动中的人必须将所有目的都置于单个的价值排序上。假如他要在吃牛排和观看歌剧之间做出选择，他必须判断哪个结果产生的效用最大，因此他必须依据共同标准（common denominator）在这些截然不同的满足之间做出比较。即便如此，行为也无法测量效用，确切地说是行为显示了行为人评价最高的目标。

尽管所有满足最后都被放置在单次的价值排序上，然而，将不同手段划分为产生相同结果的组别，即将手段归类为特定物品的单位，依然是有益的。需要注意，尽管连续单位的手段会产生相同的结果，但这些结果的效用并不相等。无疑，一个给定物品的连续单位手段效用递减，因为行为人将额外的单位手段用于越来越不紧迫的目的。边际效用递减法则不是一个物理法则或心理法则，它根植于行为这个事实。一个行为人总是将给定的手段用于实现最大的满足，这就是为什么额外的物品单位被用于越来越不重要的目的（因此具有更低的边际效用）。

边际效用法则不总是根据行为人的主观框架来定义的。相关的"边际"是由选择决定的，而不取决于物理的或其他"客观"限制。对不同单位所赋予的效用来说，使用算术运算是不可能的。水的边际单位在价值上有可能远低于钻石的边际单位，尽管全部水的效用要有价值得多。但是后一事实与行为无关，因为从没有人能在全部的水与全部的钻石之间做出选择。

第二节 报酬律

尽管所有的满足最后都按序数排列——不受基数运算的支配，但对于行为人来说，了解这个世界的数量因果关系依然很重要。对消费财而言，每个单位会产生等量的结果，毕竟单位就是这样定义的（当然，逐份的等量结果具有越来越小的效用）。

对财货生产而言，情况更加复杂。这里，一种给定的单位生产财必须总是至少与另一种生产财组合在一起，才能生产一种特定数量的消费财（假如较高顺位的财货独自产生第一顺位的财货，而无须依靠其他稀缺资源的投入，那么它自身就是第一顺位的财货）。

在充分了解相关技术程序的情况下，保持其他一切情况固定投入不变，根据连续增加的具体生产财的投入可以计算出额外的产出。在每单位（可变生产财货）产出最大化的意义上，在某个有限点上将会实现"最适"水平。经济学家通常将这个点描述为"报酬递减"开始之处,这意味着投入的进一步增长会导致比例更小的产出增长。报酬递减这个概念解释了为什么农夫必须开垦额外的土地,而非在一小块给定的土地上不断施肥和播种。

第三节 人的劳动是手段

把人的生理功能当作手段来使用,就叫作劳动。一般来说,劳动会带来负效用。也就是说,尽管为了实现最大满足,行为人会尽可能地利用其他全部手段,但他们不会投入从生理上来说是最大限度的劳动去实现渴求的目标。相反,他们会缩减劳动以享受闲暇。一旦意识到行为人将闲暇评价为一种消费财,经济学家就能够把握这个经验事实。当行为人额外劳动的小时数增加时,劳动的负效用也随之增加,因为快乐闲暇的边际效用持续增加(由于闲暇的供应减少)。在某个点(通常早于生理上的最大限度)上,额外劳动单位的物质成果的边际效用要小于额外劳动单位的边际负效用。在这个点上,行为人停止劳动。

适用于一般生产要素的那些法则也适用于劳动。然而,经济学家依旧特别关注劳动,因为劳动是"非特殊"要素,每个生产过程都需要劳动。此外,在我们的世界中,劳动是最为稀缺的投入品。一个具有弹性工资率的市场经济,所有自愿的劳动者都被引导到达到满足最紧迫的需求的目的上。未开发的土地与此没有相似性。

直接满足的劳动和间接满足的劳动

尽管许多学者误解了这个问题,但仍然有某些劳动者直接

（非常罕见地）从劳动类型中获得满足感。即便如此，我们这个世界中的绝大部分劳动不是都包含着负效用。社会改革无法回避这个事实：一般来说，人们会选择从事超越直接满足欲望那个点的劳动（因为他们对产出的评价高于对闲暇的评价）。

创造性天才

米塞斯认为，对待创造性天才的"生产"，不宜使用行为学对待其他劳动者的工作框架。米塞斯认为，创造性天才既不为直接的欲望满足而劳动，也不为间接的欲望满足而劳动。

第四节　生　产

生产并非创造性的，它相当于将给定的宇宙万物转化成更能满足行为人的形式。真正的创造发生在行为人的心中，行为人审视了可能的手段，并且想象出改善自身状况的方法。

早期经济学家将农夫及木匠的劳动归为"生产性的"，将医生及歌手的劳动归为"非生产性的"，只是因为后者的服务具有无形及转瞬即逝的性质。现代经济学者嘲笑这种无意义的划分，他们通常也认为广告属于"浪费"。

要点诠释

米塞斯在第一节中的绝大部分内容，对关于边际效用的无数谬论及误解进行反驳。主流经济学家通常将效用视作可用于数学运算的基数，将一定数量的财货的效用视为每个单位效用的加总。其他学者试图用经验规律解释边际效用递减，他们列举了韦伯-费希纳法则，该法则证明了，人们需要越来越专注才能区分越来越亮的光束。而米塞斯指出，边际效用递减法则适用于任何行为人，哪怕他是一个残疾人。

在这一部分，米塞斯详细地阐述了劳动。首先，他定义了劳动，解释了为什么劳动值得现代经济家特殊对待。其次，他推翻了关于劳动及劳动如何不同于其他生产要素的无数谬论。

知识点拓展

（1）不仅边际单位效用是主观的，而且单位的定义本身也取决于行为人的具体情况。例如，一个化学家会测定一盒牛奶是 1.01 加仑，而另一盒牛奶是 0.99 加仑，但消费者会认为它们恰好是可替换的"牛奶单位"，两盒牛奶可以产生同等的客观服务。

（2）米塞斯所说的"最适量投入"，是指能使每单位投入的产出最大化的投入（第 155 页）。文中的"最适量"当然是技术性描述。一个行为人会围绕这个"最适量"行动以达到最高效用。同时，应注意，到最适水平——米塞斯所说的使每单位投入的产出最大化——不是指使投入品的边际物质产出最大化的水平。（一般而言，边际物质产出会在达到米塞斯的"最适"水平之前趋近于最大值，在这个投入量之上的一定程度，平均物质产出还会增加。当下降的边际产出"超过"平均产出时，产出才会到达米塞斯的"最适"水平，接着两者都开始下降，因为下滑的边际产出"拉低了"平均产出。）

（3）许多奥地利学派学者不赞同米塞斯的以下观点：待创造性天才不适用行为学框架（第 167—169 页）。诚然，天才不会为其他人乃至"生产"而劳动，即便如此，他还是会为了消除不适感而行动（创作剧本、交响乐等）。创造性天才被置于恶劣的环境中导致其潜能得不到发挥的事实，证明了他的创造是一种选择，而非行为人必须适应的外界情势。

习　题

第一节　边际效用法则

- 既然行为只能通过序数表达，那么量化的事实是如何牵涉进来的？
- 从行为学视角来看，什么意味着选择？
- 给定以下价值排序：

    1. a（第一单位）
    2. a（第二单位）
    3. b（第一单位）
    4. a（第三单位）
    5. b（第二单位）
    6. b（第三单位）
    7. a（第四单位）
    8. a（第五单位）
    9. b（第四单位）

    ⊙ 假如行为人拥有以上所列 9 项，他是愿意失去 2 单位 a 还是 1 单位 b？

    ⊙ 假如行为人已经拥有 3 单位 a 与 3 单位 b，他是愿意选择额外的 1 单位 a 还是额外的 1 单位 b？

    ⊙ 假如行为人必须在 5 单位 a 与 4 单位 b 之间选择，我们能判断出他会做出怎样的选择吗？

- 效用的定义是什么？
- 主观的使用价值与客观的使用价值的区别是什么？

- 怎样才能解决价值悖论？谁解决了这个问题？
- 价格是源于主观的使用价值吗？
- "总效用"对行为学来说是有意义的吗？
- 什么是边际效用能解释的而总效用不能解释的？
- 行为学需要"需要的种类"这个概念吗？
- 为什么我们不能比较不同人的价值？
- 边际效用递减法则的伯努利方法有什么样的缺陷？

第二节　报酬律

- 为什么一个配方不被视为经济财？
- 报酬律的定义是什么？我们能否认为它是先验真实的？
- 报酬律有助于解决什么问题？

第三节　人的劳动是手段

- 为什么劳动就其本身而言不是目的？劳动是经济财吗？
- 在工作与闲暇之间存在什么联系？为什么劳动具有负效用？
- 闲暇是经济财吗？对闲暇我们可以适用边际效用法则吗？
- 我们如何解释工作时长减少的趋势？
- 与人的劳动相联系的"非特殊性"是什么意思？
- 为什么米塞斯说只有在短时期内才会有专家稀缺的现象？
- 在什么条件下会有充裕的劳动？
- 劳动较物质生产要素更稀缺吗？这对于市场社会意味着什么？
- 天才是可替代的吗？

第四节 生　　产

评论："人，只有在思想领域中才能有所创造……"

- 将劳动的使用及物质类生产要素的使用区别开来，犯下了怎样的错误？
- 为什么说生产是由人的理智指导的思维现象？

第八章　人的社会

> 本章概要

第一节　人的合作

社会是芸芸众生为合作而形成的组合。人与人协作——建立社会关系——是因为他们认识到分工可以提高生产力。与其说这意味着人们着手"建立"社会，不如说每个具体的合作行为均是人们思考的结果。作为社会特征的归属感及友爱之情是由分工的物质优势衍生的。没有分工而徒具情感，不足以维持整个社会。

第二节　对整体的、形而上学的社会观的批判

有史以来，许多宗教人士及其他形而上学知识分子都认为，社会独立于组成它的个体而存在。神、自然或其他力量对社会有其自身的目的，为了实现更长远的计划，短视的和顽劣的个体不得不放弃他们的私利。

古典经济学证明了这种理论是多余的。社会合作服务于每个人的利益。几乎所有人都喜好文明，厌弃谋杀、偷盗及其他反社会行为。

尽管社会服务于那些所有人都正确了解的利益，然而某些人思想狭隘，缺乏对文明行为规则的尊重。米塞斯相信，一国政权或政府的职责就是阻止这类人的反社会行为。

所有政府，无论其多么专横，最终都要依靠民众默许的同意，古典自由主义认同民主政体是维护和平的唯一途径。换言之，大多数人无论如何都将支持自己想要的统治者，因此，古典自由主义推荐选票而非子弹。这种对民主政体的认可纯粹是为了减少暴力，而不是出于对普通人智慧的天真信任。

行为学和自由主义

自由主义是一种政治学说。在行为学中，"幸福"和"满足"纯粹是形式用语，而在自由主义中，它们有了具体的形式。自由主义假设所有人或大部分人喜好财富而非贫穷，喜好健康而非疾病。自由主义依靠价值中立的行为学理论推荐一些实现这些近乎普遍持有之价值的最优路径。

自由主义和宗教

自由主义是理智的政治学说，本身不涉及神或其他超自然因素。然而，将自由主义视为"无神论"是错误的。[1]相反，政教

---

[1] 这里并不是说自由主义是有神论。相反，米塞斯说由于自由主义不涉及神或其他超自然因素，因而可以用"无神论的"和"不可知论的"这两个形容词来修饰它。但米塞斯特别强调，这并不代表自由主义敌视有神论。墨菲的说法易引起误解，特此注。——译者注

分离——一个自由主义的标识——允许不同教派不受干扰地宣扬自己的观点。自由主义的确反对神权统治，但不反对宗教本身。

第三节 分 工

分工的优越性意味着，工人在与他人合作时，会提高每小时的劳动产出。出现这个经验现象是由于：(1)不同任务中工人能力的天生差异；(2)地球表面资源的分布差异；(3)某些任务超出单个工人的能力范围。

第四节 李嘉图的联合律

大卫·李嘉图因发现联合律（比较成本法则）而受称赞。显而易见，当每个人更擅长生产某种商品时，合作将同时改善双方的处境。然而，李嘉图更进一步深入论证道：即便一个人擅长生产所有商品，与劣势伙伴的合作也会使其受益。例如，一位主厨会从雇佣下属切菜及备料中获益，这比他自己完成所有任务更有效率。这是因为将任务"外包"给下属后，他就能够腾出时间专注于他本人最具优势的那些领域了。

关于联合律一些流行性误解

虽然李嘉图的理论是通过某些强而有力的假设实现的，例如在两个生产不同商品的国家中，资本和劳动在所有国家之间能自由流动。然而，他的证明揭示了经济学的一个核心命题——即使个人优势再大，与劣势同伴的合作也能使他受益。这正是文明的根基。

第五节　分工的效果

在这个世界上，人与人之间的先天差异以及地区与地区之间的先天差异既导致了分工，又被分工所强化。当分工将一项复杂的任务转化成一系列琐碎的任务时，引进"省力"的机械设备才是可行的。

第六节　社会里的个人

人是社会性的存在，这不是一个适合离群索居的时代。行为学之所以会研究孤立的个人，也是为了了解他的行为。

如果不承认分工的首要地位，有关社会纽带的各种理论就会陷于失败。

第七节　大社会

并非所有的人际关系都是社会性的，战争当然是反社会的。然而，即便是这样，分工也会减少敌对行为。征服者不再杀光被征服者，而是用奴役取而代之。文明战争的"规则"推动了这一进程。

第八节　攻击和毁灭的本能

一些作者颂扬杀戮和毁灭的欲望，他们认为这些欲望被"非自然"的现代社会所削弱。也许人们真的有嗜血的本性，但他们同时也想要美食和豪宅。行为学讲的是人们必须在这些满足中做出选择。

当今关于现代自然科学（特别是达尔文学说）的一些误解

现代自由主义不再依赖于人生而平等的（错误）原则。达尔文主义不能否定自由主义信仰。相反，在目前的社会环境下，最大限度地提高后代的特质的恰恰是有利于社会合作的品质（而非所谓"自然的"侵略本能）。理智绝非"不自然"，而是智人（homo sapiens）的首要生物标识。

要点诠释

在本章中，米塞斯的目的无非是奠定文明的基础。个人借助于社会这个伟大手段提高生产力，因此其所获得的满足远远超过在孤立状态下可能获得的满足。然而，只有处在和平及尊重财产权的环境中，社会的联系才能得到促进。大多数人的愿望总要实现（必要时通过暴力），因此，文明的唯一希望是让大众相信，社会合作有利于他们自己。

知识点拓展

（1）人们经常问："米塞斯是一个无政府主义者吗？"第182—183页的论述一目了然，答案是否定的。然而，更细心的读者会发现，米塞斯在此处使用"无政府"所表达的是缺少法律的强制力。米塞斯不曾论证，为什么政府必须负责法律、警察及国防。[1] 他只是假设政府有

---

[1] 米塞斯对此的论证可以参见另一本著作《官僚体制》。——编者注

适当的功能,既然这些功能对于社会是必要的,那么(米塞斯主张)政府的存在也是必要的。

(2)米塞斯(第199—200页)强调李嘉图的联合律并不依赖于(错误的)古典经济学的价值理论。由于其有严格的假设,李嘉图的分析能够纯粹从物质角度表述,即使未受益于现代主观价值论,他也因此能够提供一个有用的理论。假如有人要超越李嘉图证明的局限性,那么他唯有求助于从货币角度分析。

习　　题

第一节　人的合作

- 社会是什么?

  评论:"社会不过是一些努力合作的人的行为的联合。"
- 社会可以有行为吗?
- 根据米塞斯所说,合作和社会是如何产生的?分工扮演了怎样的角色?

第二节　对整体的、形而上学的社会观的批判

- 个人为什么以及在哪些条件下用协作行为代替孤立的行为?这一点如何与整体主义的学说相对立?
- 为什么说社会是人的行为的产物?
- 社会是被人设计出来的吗?
- 形形色色的集体主义思想的本质问题是什么?
- 米塞斯关于无政府主义的概念是什么?
- 依据米塞斯所说,民主政体的作用是什么?他是怎么看待大多数人的?

- 米塞斯对于国家的定义与计划经济者的定义有什么不同？

  评论："他们（自由主义者）对于人的理性有充分的信心。这种乐观的态度也许是不现实的，因此，自由主义者在这一点上也许错了。但是，如果他们真的错了，那么人类的未来大概也就没什么希望了。"

第三节 分 工

- 为什么分工状态比孤立状态更有生产效率？

第四节 李嘉图的联合律

- 关于分工，联合律表明了什么？
- 考虑以下例子（请注意莎莉在两个方面都更有生产力）：

	1 单位 p	1 单位 q
乔	3 小时	2 小时
莎莉	2 小时	1 小时

  假如乔和莎莉每人花 60 个小时生产 p，花 60 个小时生产 q，在孤立状态下每人的消费情况是什么样的？有没有方法可以让他们合作（每个人同样花费 120 个小时），这样，与没有贸易相比，他们每个人能消费更多的物品（两种物品都会更多）？（提示：假设乔专门生产商品 p。）

- 联合律与比较成本法则有什么区别？
- 联合律怎样与自由贸易相联系？
- 生产要素的流动性怎样影响李嘉图法则？

第五节　分工的效果
- 分工强化了人的先天差异，为什么？

第六节　社会里的个人
- 什么是人的自然状态？
- 为什么说歌颂原始人的时光是浪漫而荒唐的念头？

  评论："交流或共同的神秘体验不是社会关系的起源，而是社会关系的结果。"

第七节　大社会
- 为什么和平优于战争？
- 对于人际间的互动来说，社会意味着什么？

第八节　攻击和毁灭的本能
- "社会达尔文主义"的意思是什么？今天这个词还在使用吗？
- 是什么将人与动物相区别？
- 功利主义者是怎样证明合作对于"有效率的人"和"没效率的人"都是有利的？
- 为什么功利主义者建议法律面前人人平等？

第九章　思想的作用

本章概要

第一节　人的理智

理智将人与动物区别开来。思想是行为的先导。有时候人们运用的推理模式也许是有缺陷的，然而依据定义，行为是有目的地消除不适。从来都是个体在思考，而非"社会"在思考。传统——主要通过语言——让当今的行为人将先辈的推理纳入自己的思考。这会让今天的人的思考更有效率，正如我们继承了先辈创造的资本财，这让今天的劳动也更有效率。

第二节　世界观和意识形态

世界观既有助于解释一切事物，也有助于指导行为。在这个意义上，世界观既可以理解为解释，也可以理解为技术。意识形态是一个狭义词，它将人际互动的范围局限于世俗琐事之上。宗教学说,甚至纯粹的自然科学都在意识形态的范围之外。

尽管不同意识形态表面上看多不相契合,但对支持者而言,它们都拥护一些相同的事物。每个政党都许诺带来经济繁荣、(最终)和平、疫病消除,等等。因此,它们之间的互不同意,远未胜过不能达成妥协的抽象原则。与真正的宗教战争相对比,在世俗(如意识形态)冲突的场合中,存在着合作的希望。人的社会是一个伟大的手段,凭借这个手段,人们可以更好地实现他们的目标。

去伪存真

某个流行的观点坚持认为,当一种意识形态包含互相矛盾的原则时是最成功的,因为毕竟"生活是不合乎逻辑的"。这个观点是完全错误的。理智是人与自然斗争的基本工具,让那些自相矛盾的原则引导行为毫无益处。在这种情况下,行为将是徒劳的,更糟的是,自相矛盾的原则体系很难让人了解为什么行为是徒劳的。

对立的意识形态双方互相指责对方是邪恶的或疯狂的,这种倾向是可悲的。讽刺的是,所谓"偏执的"货币幻想甚至纳粹理论在坚持关于政府干预经济有利之想法这个原则时,出奇地一致。

第三节 影响力

人的行为创造了社会,并且人的行为由意识形态引导。在这个意义上,社会是意识形态的产物。马克思主义者的理论恰好相反,因为他们认为社会秩序的物质力量决定着某个时期的意识形态。

影响力是一种指挥他人行动的权力。统治是在政治领域当中发挥影响力。尽管一位统治者依靠暴力惩罚反对者，但最终是意识形态而非枪炮让特定人或政党当权。如果没有一个自愿服从他的命令的群体，暴君至多只是一个人，只能伤害少数人。在这个宽泛的意义上，一切政府都依赖于民意。

传统主义是一种意识形态

传统主义是一种意识形态，它认为，先辈遗留下来的价值标准、习俗和陈规既正确又便于利用。通常，"传统学说"并非先辈真正持有的学说。

第四节　社会改良论和进步思想

进步和退步的概念只有在行为人的计划中才有意义。生物学意义上的演化是无目的的，所以一定不要认为生物随时间的推移会逐步进化成"更高等"的生命形式。

18世纪和19世纪的理智主义及（古典）自由主义者的致命缺点是，他们对普通人的正派及智慧深信不疑。这些改革家将人类历史上的野蛮归咎于贵族及君主的政治。由于民主政体认可多数人的直接统治，这些开明的思想家认为社会进步是不可阻挡的。他们未能认识到，"多数人"是极不可靠的，并且他们会陷入恐怖的意识形态之中。

要点诠释

在前面几章，米塞斯为理智发声，为人心勾画了一个逻辑体系，等等。在本章中，米塞斯论证了人的观念左右着人的命运。由于文明取决于人的观念，因此对人的观念及其相对优点的评论不仅是明智的，也是至关重要的。

知识点拓展

（1）相信意识形态的学说只是为了证明特定时期的经济和社会秩序是合理的。例如，一旦生产的物质条件使得封建制度无法维系，现代资本主义就会破茧而出。紧随着这个"根本性的"的转变，无形的道德、法律和政治上层建筑被迫做出改变，以维持资本家——这个无产阶级新压迫者的统治。对此，米塞斯的理念当然是针锋相对的。他认为，正是由于政治及法律改革赋予西欧人一定程度上的自主权，工业革命才得以发生。

（2）当米塞斯写道，一个人必须防止将进步的思想纳入生物进化论时，他就将自己限制在自然科学的范围内了（第211页）。达尔文理论的现代化表述将进化视为最终形成智人的上亿年之过程，这是一种天真幼稚的想法。如果不确定是否有一位行为人（如上帝）设计了这个过程，那就没有目标的存在，也就不能使用"进步"一词。今天我们知道，细菌肯定在这个星球的许多角落滋生，所以（从纯生物学观点来看）人比细菌更为"进化"的说法是毫无意义的。

习　题

第一节　人的理智
- 思考与行为之间有什么联系？
- 为什么从来都是个体在思考？
- 什么是语言？为什么语言是重要的？
- 是什么刺激了智力的进步？

第二节　世界观和意识形态
- 世界观和意识形态之间有什么区别？
- "没有什么比关于超自然的观念和印象更具个人主观性"，这句话的含义是什么？
- 一个群体的繁荣只能以另一个群体的牺牲为代价，这个信念为什么是错的？
- 政党的定义是什么？

  评论："行为学和经济学的主要目标，是要以逻辑一贯正确的意识形态取代流行的折中主义所产生的那些矛盾的教条。"
- 什么是"货币怪咖"？
- 我们如何与错误做斗争？

第三节　影响力
- 什么是影响力？
- 某个人的影响力来自什么？
- 一个使用暴力压迫的政府与一个恃强凌弱的匪徒之间有什么区别？
- 少数人的统治可以持续吗？

第四节　社会改良论和进步思想

- 进步与退步的定义是什么？
- 人常常犯错,这一点如何与民主政体相容？

  评论："评估人的行为的标准只有一个,即它是否适合达到行为人想要达到的目的。"

第十章　社会中的交换

本章概要

第一节　独自交换和人际交换

一切行为都属于交换，即舍弃较不满意的，换取（行为人期望）更为满意的。独自交换只涉及一个人，而人际交换则涉及一人与多人之间的合作。尽管社会合作在历史进程中是逐渐产生的，但独自交换和人际交换在概念上依然有着泾渭分明的界限。

第二节　契约型联结和支配型联结

人们要么在契约型关系中协作，要么在支配型关系中协作。在契约型关系中，参与者地位平等。在支配型关系中，一个人或一个集团凌驾于其他人（从属者）之上。即使处于支配结构中，从属者依然在采取行动，他无非是在权衡利弊时选择了服从。

现代文明的成功源自契约型联结。现代国家是一个支配型结构，尽管一些国家的"法治"（对权力有严格、明确的限制）程度远超他国。契约型社会中的人能够和平共处，可是支配型社会中的人则无法共存，因为每个支配型社会都在谋划将自治的邻邦纳入其统治之下。

第三节　可计算的行为

所有行动都涉及价值排序，从某种意义上说，行为结果必须按照价值尺度进行排名，以确定哪一个行动会带来尽可能高的满意度。在行为中使用基数需要特殊条件。在契约型社会的背景下，算术作为行动的辅助手段得到了发展。

可计算的行为与不可计算的行为之间有必要做出区分。之所以有现代文明，无非是因为人们学会了如何将算术运用到诸多领域。经济学本身可以被描述为依靠计算的人之行为范畴的理论。

要点诠释

这一简短章节介绍了这本书的第二部分（在社会框架下的行为）和第三部分（经济计算）之间的联系。随着这本书内容的进一步阐释，所涉及的内容也在逐步细化。第一部分关注人的行为及行为本身，而第二部分处理人际交换。第三部分是在有计算可能的情况下，对人际交往的主题进行提炼，从而标志着经济学本体在《人的行为》中的开端。

知识点拓展

（1）米塞斯对支配型联结的论述极为微妙（第244—247页），现代"奥派"自由主义的读者应该认真阅读本章。米塞斯不只是区分了侵犯与非侵犯。例如，他将家庭列为支配型团体。他写道："而一个人在选择服从某一支配型团体时，他既没给出也没获得任何确定的事物。他把自己整合到某个体制里，在那里，他必须提供质量不确定的服务，也将获得指挥者愿意分派给他的报酬。他听任指挥者的摆布，只有指挥者可以自由选择。"

有人会由此想到有些人运用这些话来描绘（至少某些）"工资奴役"的类型，即工人只能在决定为哪个雇主工作时才能做选择，之后就要完全服从雇主的命令。对此，直截了当的反驳是：资本主义制度下的工人总是可以辞职的，在支配型连接当中也是如此。任何时候从属者均能够选择放弃他的从属地位，公然否定支配关系。

（2）当米塞斯论及计算时，他继续使用"算术"而非"数学"（第248页）。这些词不能互相替代，米塞斯恰当地选择了"算术"。当他写道"对人的实际生活以及对人的行为研究来说，不会有什么比行为是不是可以计算更为重要的区分了。"时，他的意思绝不是说工程师缺少几何知识就无法建造桥梁；相反，米塞斯的观点更为根本：假如牧羊人无法计算自己的羊群，或者商人无法货比三家来看谁能提供最优惠的价格，那么我们所说的"经济"将不可行。

习 题

第一节 独自交换和人际交换

- 独自交换与人际交换之间存在什么区别？

- 交换是双赢局面吗?

第二节　契约型联结和支配型联结
- 为何契约意味着相互依存?
- 国家是否意味着一个支配型的组织?
- 法治国家与福利国家有什么区别?

第三节　可计算的行为
- 行为与非行为之间的关系是什么?
- 为什么经济计算如此重要?
- **评论**："对人的实际生活以及对人的行为研究来说，不会有什么比行为是不是可以计算更为重要的区分了。"

第十一章 不用计算的价值排序

本章概要

第一节 手段的价值分级

行为人评价手段，是依据他对这些手段所能达到的目的的评价（评价一粒苹果种子，要考虑它未来所能产出的用于消费的苹果）。除了源于等待时间的贴现，给定目的所需的全部手段与目的本身具有同等价值（时序偏好概念在稍后一章中评论）。

通常来说，行为人必须在不同的目的中做选择，这些目的包含各类商品可计数的供给量。即便如此，选择行为的基本方式总是包含着纯序数价值的判断，而不包含对主观价值的定量"测量"。假如一个人一次卖出5个橘子而换得了8个苹果，那么我们所能获知的一切是他从"8个苹果"中得到了比"5个橘子"更多的满足。假如他曾经拿一张棒球卡换得一根棒棒糖，那么这些相关物品单位也只能说明上述问题。

第二节　价值与价格的基本理论中以物易物的虚构故事

现代经济价值理论将市场经济中客观的、定量的价格追溯至个体行为人的主观的、有序的价值排序。在这样一种阐述中，我们需要"想象的构建"，即为了分析经济的局部，经济学家必须简化分析，即使在现实世界中这种简化会破坏所分析的要素。

在本章，米塞斯探讨了以物易物的经济想象的构建，即在这个实验性和错误的假设中，所有的交换率产生于商品直接与其他商品交易的场合，完全不使用交换媒介（货币）。

这个假设对于了解货币的实际作用是有必要的。然而，从历史角度来看，它诱导许多经济学家犯下了两个严重的错误。第一个严重的错误是，许多经济学家认为货币是中立的，仅仅服务于以物易物想象的构建中所探讨的"真实"交易。因此，从实物的角度来看，假如经济学家得出，1 个苹果换得 2 个橘子，那么从货币的角度来看，他认为 1 个苹果换得 1 美元，1 个橘子换得 50 美分，就纯属事后的想法了。

第二个严重的错误是经济学家假设市场中交换的商品具有同等价值。即使最伟大的古典经济学家也认为长期价格是由生产商品本身所需的劳动量决定的。现代主观价值理论之所以从"人们交换商品"这个认识起步，恰恰是因为他们给予商品不同的评价。当乔伊舍弃他的苹果换取玛丽的橘子时，并不表明每个水果有同等的价值。相反，这表明乔伊对于橘子的评价要高于苹果，而玛丽对于苹果的评价要高于橘子。

价值理论和计划经济

计划经济者、制度主义者和历史学派攻击经济学家关注遗世独立的个人问题，常称其为"克鲁索经济学"。尽管在进行人际交流之前，有必要先了解自给自足的交流，但这些经济学家的指责也有部分可取之处。讽刺的是，由于不能阐明经济计算，克鲁索经济学并不完美，恰恰是经济计算才是使计划经济的全盘计划以及其他经济学者的批评意见无效的根源。

第三节 经济计算问题

技术是定量的，它告诉行动者需要多少单位的各种投入才能产生一定数量的产出。然而，这种类型的知识（技术配方）只有在人造的世界中才能解决经济计算问题：（1）一切生产手段能被其他手段以确定比率完美地替代；（2）每种生产手段仅仅适用于一个目的。

但在真实的世界中，无论是（1）还是（2）都不正确。取而代之的是，每种生产手段都或多或少适用于广泛的目的，因此每种手段都能替代其他手段，只是视具体情况而程度各异。这个事实使得经济计算问题太过复杂，以致无法用工程知识单独解决。技术能够告诉我们，多少量的投入能得到多少量的产出，但它不能告诉我们，在多种可能的投入组合当中，用哪个生产商品最为"经济"。

只有货币价格才能解决经济计算问题。随着货币的使用，每个交易的一端都有一个特定商品——普遍接受的交换媒介，从而产生一个协助行为人的共同标准。一个人会看到不同投入组合方式针对给定产出可以展现出无数种可能，并且他可以决定哪种方法最为划算。自然科学无法独自提供这种信息。

第四节　经济计算与市场

市场形成的货币价格并非价值尺度，它们只是记录了两项物品（货币商品与其他商品或服务）过去的交换比率这一历史事实。市场价格尽管因势而变（不同于物理学家相信电子电荷的固有属性），却依然能指导未来的行为。没有货币价格，所有会计辅助概念（资本和收入、利润和亏损、消费和储蓄、成本和产出）都将成为比喻。

要点诠释

经济计算问题是全书的核心主题，米塞斯用了好几章才结束对这个问题的讨论。在本章中，他证明了数量关系（在自然科学以及技术中）是如何切入"经济生活"的，但这些信息片段都不足以解决经济计算的核心问题。米塞斯简要说明了这个解决办法是货币价格，但他在本章中并未详加阐述。

知识点拓展

（1）米塞斯指出，生产要素的特殊性是经济计算中的关键问题（第262—265页）。假如商品的一个特定产量，总能由 n 单位 a、2n 单位 b、3n 单位 c 所生产，以此类推，有更多适用于一切产出品（对每种消费财而言，n 有不同的取值）的这种模式，那么评价生产要素就容易得多了。1 单位 a 具有 2 单位 b 的价值、3 单位 c 的价值，等等。我们还知道，a 拥有与 n 单位特定消费财同等的价值（不考虑生产时滞），因此，从最终消费财的价值评估入手，评价这些无特殊性的生产要素毫不费力。

另外，假设所有要素都是完全特殊的——意味着要素 a_1 和 a_2 只能被用于生产消费财 A，更高顺位的商品 b_1、b_2 和 b_3 只能生产消费财 B，等等，那么对这个要素做出价值评估也是轻而易举的。不考虑时间的滞后性问题，a_1 和 a_2 与 A 具有同样的价值；b_1、b_2、b_3 与 B 具有同样的价值；等等。可是，当这些要素能被用于不同组合以获得不同类型的消费财时，事情就并非如此简单了。

（2）在第 265—267 页，米塞斯暗示了以下事实：即使物理学家也不得不放弃对照某一固定标准测量绝对数量的这个观念。例如，著名的海森堡不确定性原理说明了，人们无法同时确定一个亚原子粒子的位置和动量超出一定精度，因为试图确定电子位置（朝它发射光）本身就改变了电子动量。

即便如此，从宏观角度来看，米塞斯认为，自然科学家无疑会继续相信谈论长度是有意义的，无须担心量尺会突然改变尺寸，但这正是经济计算的问题所在。货币价格并非主观价值尺度，这是因为货币本身也是一个商品，它受到不断变化的偏好以及当某个人需要更多单位货币时递减效用的支配。

习　题

第一节　手段的价值分级
- 手段的分级是否类似于目的的分级？

第二节　价值与价格的基本理论中以物易物的虚构故事
- 为什么说货币价格的使用对运用经济计算是必要的？

- 为什么在分析货币经济之前,经济学家首先要解释直接的物物交换?
- 对以物易物的不当分析会产生哪两个根本错误?了解货币及其对交换的影响,后果是什么?
- 货币是中性的吗?
- 交换是否意味着涉及的商品或服务是等价的?
- 我们能否测量价值?
- 对于各单位的同质供给物的评价,我们能说什么?
- 古典学说以什么方式为马克思主义理论提供了基础?

第三节　经济计算问题

- 行为人消除不适,会有不同的选择和计划。为什么说货币价格对于这些选择和计划的评价和比较是必要的?
- 经济数量是否意味着货币价格?

第四节　经济计算与市场

评论:"经济计算的特殊之处就在于,它既不是以可以测量的东西为基础,而且也和这种东西毫无关联。"

- 为什么交换比率不停地波动?
- 为什么经济计算与未来行为预期结果的估计紧密相关?
- 对于人的行为而言,经济计算有何意义?经济计算的概念是怎样与"计量经济科学"有关的?

第十二章 经济计算的范围

本章概要

第一节 货币记录的性质

经济计算围绕着货币交易的一切。尽管看似精确,但大部分资产负债表上的会计分录所反映的是对未来市场状况的预想。因此,在那里面,我们找不到任何"客观性"。即便如此,经济计算也一直在发挥作用,它不能对未来给予完美的指导,因为未来是不确定的。

第二节 经济计算的一些限制

经济计算无法解释非货币交换的情况。即便如此,通过将其他商品简化在一个共同标准上,经济计算会使得那些针对"非经济"商品的决策更容易。例如,假设一个金融预测师要在一份年薪35万美元但压力巨大的对冲基金公司职员和年收入

15万美元但轻松惬意的大学学者之间做出选择，经济计算容许他将决策浓缩为："假如起初是在大学，我是否愿意放弃相对的安宁，换取每年额外的20万美元？"货币价格无法代替其他判断，也无法否定它所能提供的便利。

行为人在市场经济中实施决策，而且只有在这样的背景下，经济计算才能"起作用"。评论特定政策的"社会价值"就好像在真实市场的讨价还价之外评论中央计划者能够实施此类计算，这纯属无稽之谈。计算"总收入"或一国的总财富毫无意义。当一家企业有100万美元资本时，这意味着（原则上）假如售出它的所有资产并偿付它的所有债务，它还会剩下100万美元。但对一个大国的整体财富而言，这一点显然无法做到，更不用说全世界了。

第三节　价格的易变性

价格总是不断波动的，因为它们的决定因素——最终的个人主观价值评估——总是变化不定的。对于稳定价格的呼吁源自将自然科学生搬硬套在经济科学上的可悲愿望。

第四节　稳定化

人们希望"稳定"购买力的原因是情有可原的，政府通货膨胀的可怕经验导致了这个愿望。然而，关于稳定货币的无数建议（包括一篮子不同商品等）面临无法克服的困难。最重要的几点是：

（1）价格并不是用货币来衡量的，价格包含货币。没有不变的价值单位（甚至原则上）可用于定义货币的购买力。

（2）价格指数的组成部分在质上随时间而变。今天的一台电视与1950年的一台电视并非相同的事物，因此，将今天的一美元与1950年的一美元相比较，亦是武断的。

（3）价格指数各组成部分的相对重要性随时间而变，人们无法衡量这个变化。举个例子，假设大多数人是素食主义者，那么奶、蛋的价格在商品篮子中显然应会占据更小的比重。

第五节　稳定化观念的根源

从历史上看，源于市场的货币（如金银）足以进行经济计算，尽管它们也不具有永恒的"稳定"购买力。政府的通货膨胀改变了这一点，它迫使商人在制订计划及长期契约的过程中，需要考虑货币价值的变动。

稳定性观念广为流行的另一原因是人们试图在市场的不确定性之外寻求避风港。人们认为政府（拥有无上权威、永久债券等）能为财富提供庇护。

要点诠释

这一章中，米塞斯阐明了经济计算的边界，解释了在其范围内，市场价格提供的一切服务均需借助经济计算。然而，当人们推演到真实市场外的领域时，经济计算工具就不合时宜了。尤其是，经济计算无法提供不变的价值尺度，因为这样的事物并不存在。设计一种稳定的货币，以及提供有保障的收入流，这些努力都是白费。

知识点拓展

（1）米塞斯写道，"价格水平"这个词是有误导性的（第501页）。它暗示着源自"货币端"的变化会同比例影响一切价格，但（后续几章表明）这是不可能的。货币是非中性的，货币供应的变化必定带来"真实的"而非名义上的干扰。

（2）在第287页，米塞批评了"将战争费用转移至后代"这个流行的主张。这个观点糊涂之极，因为在所有战事中消耗的坦克、轰炸机等都来自当前的生产。当然，战争会使后代更贫穷，因为他们所继承的资本财存量比原本应该拥有的要少得多。

习题

第一节 货币登记的性质

- 盯着过去的价格就能预测未来的价格吗？
- 为什么商人用于计划未来交易的经济计算，需要与那些服务其他目的的经济事实的计算区分开来？
- 经济计算能增加我们关于未来的信息吗？

第二节 经济计算的一些限制

- 经济计算的条件是什么？
- 那些未列入会计与计算事务的事物是如何做出价值评估的？
- 为什么计算国民收入或国民财富是无意义的？

  评论："价格不是人们依据货币测得的数值，价格包含在货币中。"

第三节　价格的易变性

评论： "如果把这些流行的观念解释为'从前生产与营销情况比较稳定的年代所形成的旧观念累积的结果'，那将是一个错误。"

- 为什么说价格稳定的观点是一种谬误？为什么它如此流行？

第四节　稳定化

- 在一个变化不定的世界中，为什么说稳定性的概念是无用的？
- 为什么说通过随时比较各"篮子里的商品"来定义指数的方法是毫无意义的？比较这些商品的技术特征存在着什么障碍？假如没有这些障碍，那么这个方法是否可能实现？
- 假设货币购买力产生变动，为什么其他事物也会产生变动？
- 人的行为意味着变化吗？为什么？

第五节　稳定化观念的根源

- "经济计算需要的是一个没被政府干预和破坏，并能正常运行的货币体制。"这句话是什么意思？
- 公债的问题是什么？
- 公债的利息是如何支付的？

评论： "战争的全部负担落在生活在战时的这一代人的肩膀上，而他们的后代受到的影响仅限于，他们从先辈手中继承到的财富少于在没有战争的情况下可继承到的财富。以贷款资助战争花费不至于把负担转移到后代身上，这仅是一种在民众中分配负担的方法。"

第十三章　货币计算是行为的一个工具

本章概要

第一节　货币计算是一个思考工具

在每个存在分工的社会中，货币计算都是行动的指导原则。对于涉及他人财产的行动，货币计算彻底改变了个体的思考过程。对潜在行为的评价建立在预期的成本及收益上，而对过去行为的评价则依据账面的盈利与亏损。

然而，货币计算不仅仅是行为的派生物。除了有目的的行为，货币计算还需要具备生产手段的私有财产制度，以及一个可以被大众广泛接受的交易媒介（货币）。

对自由企业制度而言，"资本主义"起初是一个被污名化的词，隐含了这个体系纯粹只服务于资本家的狭隘利益。然而，这个词本身也没有什么错，因为资本的概念———一个项目可用资源的市场价格之和———难以避免地与货币计算相联系，而货币计算本身只能发生在资本主义社会当中。

第二节　经济计算与人的行为科学

若没有经济计算的历史演进，行为学和经济学恐怕难以发展。只有通过货币价格及相关的资本、利润和亏损的概念，早期的学者才会注意到经济活动中的这些模式。

要点诠释

本章非常简单。其中，米塞斯强调了经济计算的重要特征：与其说经济计算纯粹是商人的习惯，不如说它是一种独特的思考模式。它对于现代文明而言是必要的，也是应用定量科学的理由。然而，米塞斯强调了一个事实：经济计算只有在存在货币及商品为私人所有之前提下才能起作用。

知识点拓展

（1）米塞斯主张货币计算是"行为的指南针"（第290页）。然而，仅有行为本身并不能进行计算。在一个计划经济社会或只存在以物易物的社会，那里有行为（人们照常采取手段实现目的），但是那里没有真正的经济计算。

（2）当米塞斯写下"物理和化学的那些测量方法之所以对实际行为有意义是因为有经济计算"时，他的意思是，仅仅有自然科学知识不足以引导稀缺资源的使用。技术或许能指出，得到想要的结果的几种资源利用方式，但只有通过货币价格，行为人才能决定何种方式"最合适"。

（3）一个人即使未直接体验一个基于分工和货币价格而建立的社会，原则上也可以发展出行为学的一切理论。毕竟，行为学的结论是先验真理。然而，实际上，倘若未曾生长在资本主义社会，知识分子恐怕难以沿着这些线索思考。

习　题

第一节　货币计算是一个思考工具

评论："在分工化的社会体系里，以货币为依据的经济计算是行为的指南针。"

评论："对于不从个人视角出发看待事物的任何观点，货币计算完全不适用"。

- 经济计算可以增加我们对未来的信息吗？

第二节　经济计算与人的行为科学

- 什么是格雷欣法则？
- 什么是货币数量论？

第十四章　交换学的范围与方法

本章概要

第一节　交换学的界限

行为学的范围——人类行为学——是明确的：它是对有目的的理性行为的研究。然而，交换学的范畴或具体的"经济学"问题则多少有些模棱两可。经济学主要关注，在现实世界中，市场上交换的商品及服务的货币价格是如何形成的。但要做到这一点，经济学家必须深入更广阔的行为学领域中。另外，要想全面评估市场经济的功能，经济学家既要考虑孤立的个体，也要考虑社会群体。

对经济学的否认

许多乌托邦改革者否认经济法则的存在。这些批评者没有认识到稀缺性是这个世界的事实，而非社会制度或反动学说的副产品。

第二节　想象的构建

行为学和经济学的特殊研究方法是使用想象的构建。出于各种理由（稍后详述），经济学家不能像物理学家或化学家一样，利用实验对各个理论加以挑选。相反，经济学家在演绎过程中会使用想象的构建。他们从现实世界中抽象出自己感兴趣的关键元素，要么想象其不存在，要么试图找出倘若其存在的确切后果。正因为一直在想象有别于现实世界的场景，经济学家无法求助于经济观测，以证实或证伪自己的分析。取而代之的是，他必须检查从假设推出结论的演绎过程中每一个步骤的有效性。

第三节　纯粹的市场经济

经济学家运用的想象的构建之一是对纯粹的无管制的市场经济进行分析，这种假想的前提是没有政府干涉私人财产的自愿交换。在完成该分析之后，经济学家会进一步检查纯粹市场经济中政府（或其他）干预的效果。一些批评家反对说，这个过程反映了正统经济学家的偏见，但这些批评意见是一种自我驳斥——他们也可以将（据说是可怕的）纯粹是市场运作与他们自己喜好的政府计划安排相比较。具有讽刺意味的是，古典经济学家赞美自由市场的"自然"制度的优点，是因为它自发地实现了计划经济的理想。

利润最大化

一个常见的批评理由是，经济学家错误地假定所有人的行为都是在追求利润的最大化。事实上，金钱收益对于许多人来说不比其他目的重要。然而，这个批评误解了行为学。经济学家只是告诉我们，倘若其他情况不变，一个商品出售者会尽可能地寻求最高价格，而购买者则会寻求最低价格。消费者一直以来为牛排花费比具有同等营养的汉堡更多的钱。一个劳动者也不一定选择报酬最高的职业，这个例子不是利润最大化法则（定义正确）的例外，而是例证。

第四节　封闭的经济

为了了解人际交换，经济学家必须分析自给自足的交换状态，即孤立的个体为了以较低的满足状态"交换"较高的满足状态，而不与其他人交易的状态。

第五节　静止状态和均匀轮转经济

单纯的静止状态不是一个想象的构建。每当没有交易时，单纯的静止状态就会出现，因为没有购买者愿意以某个价格获得更多单位产品或服务，而这个价格对吸引商品出售者供给更多单位是必要的。单纯的静止状态只是瞬息之间的状态，一旦出现偏好变化和互惠交易，它就会被打破（偏好变化的常见方式是生产者制造出更多的产品，从而降低这种产品的边际效用，使他们愿意以新产品生产出来之前原本并无吸引力的价格出售）。

另外，最后的静止状态的确是一个想象的构建。它指的是，一个特定干扰的所有影响都已经发生，相关价格已经达到它的最终价格。假如一个新报道导致半数烟民断然戒烟，香烟市场上单纯的静止状态会立即以一个低得多的价格出现。然而，烟草生产商会相应缩减生产，且过剩库存会降到一个新的水平（与消费者同比例减少），一个新的最终价格将会出现（可能高于，也可能低于先前的最终价格，视具体情况而定）。

一个最终的想象的构建是均匀轮转经济，其中所有价格均已达到其最终价格。既然所有干扰因素都已经发生作用，那么均匀轮转经济就有了确定性。高顺位商品转换成低顺位商品的生产依然会发生。人们照常工作，消费者照常购物，每一日都和前一日一模一样。

均匀轮转经济不仅是想象中的，也是自我矛盾的。在一个完全确定的世界中不会有行为发生，并且在这种经济中，持有货币不是必要的，在这种经济框架下分析货币价格也是有问题的。尽管存在这些问题，均匀轮转经济对于了解利率及利润的差别还是有必要的。

第六节　停滞的经济

在停滞的经济中，个人财富及收入维持不变（均匀轮转经济是静态的，但停滞的经济不一定是均匀轮转经济）。在一个进步的经济中，人均财富及收入处于增长状态，反之则是退步的经济。在停滞的经济中，利润等于亏损；而在一个进步的经济中，利润超过亏损；在退步的经济中则相反，即亏损超过利润。

第七节　市场交换功能的整合

经济学所探讨的企业家或工人指的是他们的经济功能。在真实世界中,一个人可以同时是资本家、工人和企业家。经济学也将这些术语用于功能性分配,即工人赚取工资,企业家赚取利润或亏损,地主赚取地租,以及资本家赚取原始收入。

要点诠释

本章非常重要。在本章中,米塞斯解释了作为行为学子部门的交换学,这是绝大多数人在谈论经济学时所考虑的。米塞斯还探讨了理论经济学家必须使用的特殊方法,即想象的构建。最后,米塞斯描述了一些较为重要的想象的构建,尤其是均匀轮转经济。本质上,米塞斯在本章阐明了其主题的边界,描述了用于分析这个主题的工具。

知识点拓展

(1)米塞斯使用"交换学"这个词,意指"狭义经济学"(第298页)。他将交换学定义为"对那些依据货币计算而被执行的行为的分析"。其他学者会将交换学定义为交换之研究,乍看起来,比米塞斯的定义更为广泛(因为即使没有货币也能产生交换)。然而,这两个定义实际上是一样的,因为米塞斯写道(第300页):"所谓全由直接交换行为构成的市场或以物易物的市场,只不过是一个假想的情况罢了。"

(2)米塞斯举例说明单纯的静止状态——证券市场的每日收盘——是十分不幸的,因为该市场在预定时间收盘,原则上还有未能如愿的购买者和出售者,他们因为收盘而无法交易。更糟的是,米塞斯为了说明他的选择的正当性(见第314页脚注1),指出自己忽视了交易日过程中的股价波动。更好的选择应是一个价格维持在一个相当稳定的市场水平，那么一个没有买卖发生的时期（尽管市场是开放的）就会构成一个单纯的静止状态。

（3）关于均匀轮转经济，米塞斯写道（第 328 页）："单纯的静止状态一再被扰乱，但随即重新回归先前的状态。"谨记，在单纯的静止状态中，没有交易发生。但在均匀轮转经济中，我们知道第五阶商品的厂商售出他们的商品给第四阶商品的厂商，等等。因此，这就必然是均匀轮转经济中单纯的静止状态不断受到干扰（可预测的）的理由。

习 题

第一节 交换学的界限

- 经济学如何对行为进行分类？
- 交换学的研究领域是什么？
- 什么是经济学？经济学应该探究什么？
- 稀缺性是如何影响人的行为的？

第二节 想象的构建

评论： "假想的情况是指想象中的概念性事件，这一系列事件是根据行为的逻辑从行为元素推衍出来的，这些行为元素是为了形成讨论中的想象的构建而特别选定的。"

- 为什么在行为学当中我们必须利用想象的构建？

第三节 纯粹的市场经济

- 市场能被制度性要素所妨碍吗？
- 在什么意义上，我们说人总是寻求利润最大化？

- 公平或不公平暗含着价值判断吗？
- 纯粹的市场经济存在吗？这个答案是否影响到经济学的方法？

第四节　封闭的经济
- 为什么经济学必须研究孤立的经济行为人的状况？

第五节　静止状态和均匀轮转经济
- 什么是单纯的静止状态？为什么它不是想象的构建？
- 什么是最终静止状态？
- 什么将市场价格和最终价格区分开来？
- 什么将最终状态和均匀轮转经济区分开来？
- 什么是整个市场体系的驱动力？
- 为什么在一个没有交换的世界中持有现金是没有必要的？
- 为什么米塞斯所称的数学方法不适用于传递任何知识？

第六节　停滞的经济
- 什么将停滞的经济与均匀轮转经济区别开来？

第七节　市场交换功能的整合
- 在经济学中，促进者的作用是什么？
- 在停滞的经济中，企业家的作用是什么？
- 计划经济制度是否与停滞的经济的概念相容？它有意义吗？

第十五章 市　　场

本章概要

第一节 市场经济的特征

市场经济是个人专业化分工及生产手段（自然资源、工具等）私有的一个社会制度。尽管每个人皆为谋求私利而行动，然而要在市场经济当中谋利，就必须以满足他人的需要为目标。

市场将个体引领到能够使别人的需求获得最佳服务的领域之中。要想做到这一点，人们需要接受自愿性诱导。与生产自认为一流的商品相比，生产他人迫切所需的东西可以使一个人赚更多的钱。强制性是政府的特征，它对市场发挥作用是必须的，但它本身不是（自愿性）市场关系的一部分。

市场不是一个场所或一个事物，而是一个过程。任何时候，市场状态是由所有商品及服务的林林总总的价格概括而来的。这些（不断变化的）价格引导着个体，同时调整着他们的行为，以便他们在分工中更好地彼此服务。市场价格使经济计算成为可能，而后者是市场经济的基础。

第二节　资　　本

经济计算依赖于资本及收入的概念。与某一家企业有关的资本是假定它在所有资产出售和所有负债清偿之后所能筹集到的金额总和。收入是一个特定商品集合可用于消费而不致减损资本的金额。假如收入超过消费，这个差额就是储蓄。假如消费超过收入，这个差额就是资本消费。

资本作为心智概念，只有在具备真实价格的市场经济中才有意义，而这些真实价格影响着特定商品的估价。"资本财"这个词是指人为制造并可用于扩大未来生产的实物。尽管一个计划经济社会拥有资本财，但说它拥有资本财只是比喻，因为资本财要求经济计算具有意义。

第三节　资本主义

历史表明，私有制与文明息息相关。讽刺的是，那些希望经济学更接近于"经验科学"的人也正是那些忽视这个证据并且号召实行干预主义或全面计划经济的人。尽管市场经济从未以一种纯粹的形式存在过，但自中世纪以来，西方文明越来越接纳市场经济，而正因如此，西方的人口指数骤然增加，生活水平空前提高。

经济学家必须研究"纯粹"资本主义，不是因为这样的体系存在过，而是因为经济计算只有在资本主义当中才能实现。从对这个基本准则的分析入手，我们就能看出干预主义和计划经济的混乱。

与流行的原则相反，大企业不一定支持"自由放任"，却往往寻求政府特权或管制，因为后者给较小的竞争对手制造了更多障碍。但称呼这些干预主义为"成熟"的资本主义或资本主义"晚期"，则是彻底的混乱，因为目前的大企业不支持资本主义。

第四节　消费者主权至上

企业家看似"掌控"着市场经济，然而这是肤浅之见。实际上，即使最大的老板也必须服从于顾客的利益。企业家雇佣工人，购买原材料及设备，并决定建多少家工厂。但如果这些辛苦生产出来的商品无人问津，企业家很快就会失去"权威"。

在某种意义上，每个消费者花费的每一元钱，都是对特定商品或服务的投票。因为企业家必须为获得稀缺的生产要素而相互竞争，消费者最终会决定哪些企业扩张，哪些企业萎缩。假如某项经营因不赚钱而中断，则意味着消费者不愿为该商品支付足够的金钱，从而让该企业家在劳动力和要素市场上不能购买必要的投入品。

第五节　竞　　争

自然界中的生物性竞争是适者生存，弱者灭亡。它与市场经济中的社会性竞争迥然相异。尽管某些状态更令人渴求，但所有参与者都会从交易中受益。在这样的竞争中，没有"失败者"。

社会性竞争的目的是将稀缺资源的控制托付给那些最有可能满足消费者需求的人。学者经常说在大企业支配的领域中"没有竞争"。但除非政府设障,否则只要新来的人能更好地服务消费者,他就能进入这个领域。昂贵的创业费用及其他"障碍"反映了稀缺的真实情况,忽视这些状况则等同于无视竞争的目的。

"竞争"这个词通常作为"独占"的反义词来使用。但即使是独占者,为了消费者的金钱,他也必须与其他生产者展开竞争。对竞争的真正限制来自政府,而非市场。

第六节 自　　由

自由代表着西方传统中许多思想家最为珍视之物。自由只有在社会中才有意义,在自然界中没有所谓的自由。在人际关系中,自由意味着不受他人独断决定的摆布。

起初,专制主义者对"布尔乔亚"的自由挚爱嗤之以鼻,但他们很快就明白了,大众不支持对自身自由的公然限制。因此,这些专制主义者将政治自由与经济自由进行区分。但假如专制主义政府控制了媒体,并将其批评者派往西伯利亚做工,言论自由的制度保障就失去了意义。

第七节　财富和收入的不平等

人人生而不平等,不应怪罪于市场经济——收入取决于服务消费者有多么周到——导致财富和收入差距。假如社会要维护职业自由,这个不平等就是必要的。如果没有更高工资的激励,企业家就只能通过强制力将工人派往他们需要的领域。

第八节 企业家的利润与亏损

首先,利润和亏损是一种心理现象。依据个人主观价值等级,当一个人的处境改善时,他就会获得利润。正是出于这个原因,心理利润和亏损是无法计量的。然而,在市场经济中,某个人会将货币的盈亏作为评价行为的标准。农夫种植土豆比种植玉米赚钱多并不意味着他本人对前一种作物更满意,而仅仅(在某种宽泛意义上)意味着消费者在示意他种植土豆。

即使在均匀轮转经济中没有货币利润或亏损,行为人依然会获得心理利润。在均匀轮转经济中,人们照常工作,消费者照常购物,这是因为他们希望通过行动获得更多满足。

企业家的盈亏最终源自未来的不确定性。假如一个人用1 000元购买生产要素,一周之后售出制成品,得到10 000元,这标志着其他企业家在对这些生产要素用途的评价中犯了错。假如他人能够预知这种商品的未来收入,他们也应该早早进入要素市场,竞价抬高这种商品的制造"成本"(制造更多单位而降低其售价)。只有当企业家对未来的预测胜过他人时,他才能赚取真正的利润(高于付给自身劳动力的报酬)。

第九节 经济发展中的企业家利润和亏损

在一个进步的经济中,人均资本不断得到提升。在这样一个经济中,企业家的货币利润总额超过亏损总额。然而,企业家不会耗光这个由额外储蓄和投资带来的财富增长。为了将额外资本财整合到运营中,他们必须竞价抬高其他生产要素(包括劳动力)价格。这提高了社会中其他人的收入,随之又会导致他们购买(由新资本财投入带来的)增加的消费财。一旦经济充分调整并适应了新资本财,企业家就不再享有任何收入上的持续增长了。它已经被自然资源的拥有者及劳动者吸收。

第十节 首倡者、管理者、技术专家和官僚

企业家指导企业运营,但他们必须委派具体任务给下属。大公司中的所有人会紧盯着账本,确定某位经理在其部门中究竟创造了多少利润(或亏损),而这只有通过经济计算才可能发生。这会赋予这位经理相对自由的裁量权——只要部门维持盈利。

相比之下,如果一家企业的运作是非营利性的(如警察局或发放救济的机构),那么下属的行为必须受到严格限制,以确保他们完成企业目标。此外,消防局为"削减成本",可以卖掉它的灭火设备及水龙头,改用水瓶灭火。这明显不能为顾客服务,但因为市政税收资助了这个机构,他们不会破产失业。因此,政府落实了一些严格的指导方针。换言之,这是一个官僚体制。

第十一节 选择过程

市场不断适应新情况,"选择"那些可供利用稀缺资源的最佳利用者。在纯粹的市场中没有任何特权,过去的成功不是未来财富的保障。假如有新入者能够利用生产要素更好地为消费

者服务，他就会变得富有并取代现任企业家。反讽的是，市场经济之外——比如在中世纪或管制政策之下，有钱有势者的地位牢固，不需要每天证明自己的价值。

第十二节 个人和市场

经济学家经常谈论市场行为，但市场仅仅是个体的集合。自发性的市场力量并不存在，存在的只是每一个个体行为的结果。每个生产者也是一名消费者，因此"生产者政策"（同时损害消费者）是一派胡言。

第十三节 商业宣传

商人诚然不会展现出众的艺术素养，但这是因为他们吸引的是大众。他们试图引导大部分消费者的愿望，并向这些消费者传递信息，而（显然）大多数人不具备精英的优雅品位。与流行的原则相悖，商人无法强迫人们使用劣质商品。真正优质的商品的销售者同样会雇用作家及音乐家创作广告。

第十四节 国家经济

"国家经济"这个词被德国的国家统制经济论者用于表示由政府指导的一切复杂经济活动。扩大政府边界以获取资源以及实现自给自足的愿望被具体化，他国被视为对自己国家发展的威胁和侵犯。古典自由主义者笃信打破国界的市场经济，这种心态对他们来说是格格不入的。

要点诠释

这是极其重要的一章，米塞斯分析了市场本身（本章几乎可以单独作为对自由市场经济的介绍）。米塞斯认为市场实际上是人通过自愿交换协作的过程，他解释了市场怎样产生（数值）价格，而价格巩固了资本的心智概念乃至经济计算。米塞斯阐明了他的消费者权力至上的观念，其中的论述解释了他为何如此坚定地支持市场经济。

知识点拓展

（1）尽管米塞斯本人意识到术语的限制（第346页），但是罗斯巴德极力反对"消费者主权至上"，尤其是在威廉·赫特笔下所用的这个词。罗斯巴德强调在市场经济中，没有人拥有凌驾于他人的主权。消费者无法强迫生产者制作某物，他们要想如愿以偿，所能做的一切就是给予金钱，正如雇主只能用你情我愿的薪资劝说工人加入他的企业。

（2）在对独占价格的探讨中，米塞斯所想的是在无独占情况下，单个生产者面对已有市场价格的一条无弹性需求曲线（第365页）。米塞斯认为，假如这条需求曲线是有弹性的，那么某个独占者也能掌控"无独占"价格。然而，假定有任何边际生产成本存在，独占者将会限制生产，虽然他的总收入会下降。此外，罗斯巴德论证道，在无独占的情况下，比较独占价格和一个假设价格是毫无意义的。假如有人发明出未曾想象的全新产品，那么用于与创新者价格及产出做比较的那种"非独占"价格及产出又是什么？

（3）米塞斯论证道，资本财积累必定导致货币利润超过亏损（第375—379页）。严格来说，这不必然正确；假如每个人都能完美预测到为期十年的人均资本的稳步积累，价格就会得到调整，以致这个时期没有利润可赚。看起来，米塞斯考虑的是，新储蓄的投入超乎绝大多数人的意料（更为一般地，米塞斯不会乐于接受一个事态仍在变动之中的确定未来的概念，即他将一个零利润世界留给了均匀轮转经济）。

习　题

第一节　市场经济的特征
- 市场经济的主要特征是什么？
- "市场是一个过程"是什么意思？

　　评论："不可能有混合经济这回事，不可能存在一部分是资本主义、一部分是计划经济体系。"

第二节　资　　本
- 资本、资本消费和储蓄的定义是什么？
- 将资本概念与货币计算的背景分开，为什么是不可能的？
- 什么是实际资本的概念？为什么说它是胡言乱语？

第三节　资本主义
　　评论："市场经济是人们在分工制度下形成的一种人的行为模式。但这不等于说，它是偶然发生的或可以用另一种模式取代的非自然的行为模式。"

　　评论："一些年老力衰的企业家以及一些过去成功者的颓废子嗣不喜欢机敏灵巧的新贵分享他们的财富，挑战他们在社会中的显赫地位。"

第四节　消费者主权至上

- 谁是生产的真正决定者？
- 什么是企业家功能？

  评论："企业家、资本家和农夫不可以随意行动，他们在生意方面必须听从消费者的命令。"

- 关于投票权，政治民主和自由市场之间有什么区别？
- 将大企业与王国做比较为什么是绝对荒谬的？一家企业与一个政治主权国的主要区别是什么？

第五节　竞　　争

- 生物性竞争与社会性竞争之间的区别是什么？
- 交换性竞争是什么意思？它被限制在哪个领域？为什么说它是一个社会现象？
- 什么是独占的两层含义？每一层对于市场来说意义何在？
- 为什么假如独占价格没有产生，我们就能安全地忽略独占的存在？
- 按照米塞斯的观点，什么是独占价格？

第六节　自　　由

- 自由在自然界中可以找到吗？

  评论："一个人是自由的，也就是他能够不受别人任意摆布，自然老去。"

- 自由是如何与政府和市场经济相关联的？
- 据米塞斯所说，为什么计划经济学说——颠倒了自由这个词的最初含义——得以成功？
- "为自由而计划"的口号混淆了什么？

第七节 财富和收入的不平等
- 为了获得自由,有必要保障收入平等吗?
- 据米塞斯所说,强制在什么时候是正当的?

第八节 企业家的利润与亏损
- 米塞斯为什么说,利润与亏损在初始意义上是心理现象?它们能被计量吗?为什么?
- 生产的组合要素及最终产品对于企业家的利润发挥了什么作用?
- 企业家亏损的主要原因是什么?
- 生产要素价格提供给我们什么样的信息?
- 企业家盈亏的最终来源是什么?

第九节 经济发展中的企业家利润和亏损
- 进步的经济的定义是什么?
- 为什么企业家利润总额之剩余,不是经济进步带来财富增加额的全部?
- 谁从生产力增长中获益?
- 我们是否不得不将短期影响和长期影响截然分开?
- 全体企业家利润总额超过全体企业家亏损的剩余是怎样产生的?
- 谁对经济进步做出了贡献?
- 在进步的经济当中仍旧有企业家活动吗?为什么?
- 为什么说"不劳而获的收入"的概念是错误的?
- 米塞斯对消费不足学说是如何进行驳斥的?

第十节 首倡者、管理者、技术专家和官僚
- 企业家与经理之间的区别是什么?

评论："市场经济惯用的经济计算……使企业家不用处理太多细节……"
- 复式记账法的特点是什么？
- 官僚管理和利润管理的区别是什么？

第十一节 选择过程

评论："市场使人们富有或贫穷，并决定谁经营大型工厂，谁洗刷地板，决定多少人在铜矿工作以及多少人在交响乐团演奏乐器。"
- 为什么说所有权是一种责任？
- 佯称"身无分文"的人不可能上升到富人及企业家的位置，为什么是不正确的？制度的作用是什么？
- 为什么工商管理学位不意味着企业家职业生涯的开始？

第十二节 个人和市场

- 如何理解"市场是一个社会体系"？为什么干预政策对于"人性化"市场是不必要的？
- 米塞斯认为"生产者政策"与"消费者政策"之间的区别是什么？政府在 20 世纪采取的生产者政策的心理根源是什么？
- 一个人向旅店老板要求 10 美元的故事的教训是什么？

第十三节 商业宣传

- 据米塞斯所说，广告的定义是什么？
- 广告是如何影响消费者的选择的？广告是否与行为学有关？
- 为什么商业宣传和政治宣传在本质上不同？
- 如何理解"自由是不可分割的"？
- 广告成本是否构成产品成本的一部分？

第十四节　国家经济

- "国家经济"的定义是什么？
- "国家的幸福优先于个人的自私自利"是什么意思？
- "生存空间"的含义是什么？
- "国家经济"能否与自由市场相容？
- "国家经济"在何种情况下能够实现？

第十六章 价　　格

本章概要

第一节　价格形成的过程

当两人易货作为一个孤立事件时，交换学只能说，在该以物易物行为中的交换率确保了各方在价值上得大于失。除了这个自明之理，交换率（以物易物"价格"）可以处于广泛区间的任意一点。然而，在同一商品拥有众多买卖方的有组织的市场中，现代价格形成理论解释了价格必定落在狭窄区间内（解释见后面的"知识点拓展"）。

现代的主观价格理论不假设人们对市场拥有"完整知识"。正相反，交换学能够解释现实世界中实际价格的形成。实际上，那些研究静态"均衡"结果的主流经济学家忽视了投机性企业家驱动市场通往均衡的关键步骤。正是这些企业家通过找到非均衡（但却是真实世界）的价格捕捉他们所需的利润机会，推动了整个体系通往均衡状态，而这个均衡状态却被数理经济学家当作分析的起点。企业家通过购买"过低估价"的商品或生产要素和出售"过高估价"的商品或生产要素获得利润。这些企业家推高前者之价，压低后者之价，获取利润并且使经济保持均衡。

第二节　评值和估价

一切价格的最终形成源于消费者的主观评价。我们必须牢记，源于交换行为的价格不是由等价（如"一部车等于3万元"）决定的，而是由不等价（如出售者对3万元的评价高于一部车，而购买者对一部车的评价高于他的3万元）决定的。

估价则不同，它是某件商品将会在市场中出售多少钱的一个客观估计。虽然消费者主观评价最终解释了这些价格，但估价者自身无须考虑受评价之物对于本人的效用。即便如此，在现代经济中，消费者也必须成为估价者。这是因为要衡量一桩交易的真实成本，消费者必须考虑其他能用货币换取的商品和服务。要回答这个问题，消费者必须熟悉货币的购买力，也就是说，他可能希望作为替代品的商品和服务的典型价格。

第三节　较高顺位财货的价格

经济学家解释了高顺位财货（生产要素）的价格，同样也解释了消费财的价格，即首先解释了购买的动机，然后想象导致市场静止的条件。就消费者来说，只要他们对获得的商品的评价高于花掉的货币，他们就会购买商品。对在市场中寻找生产要素的企业家来说，道理亦同。然而，这些企业家有别于消费者，他们并不根据所购物品提供的直接效用对它们进行评价。与之相反，企业家对生产要素的评价是以这些要素所能创造的商品的估价为基础的。因此，主观消费者评价决定了第一顺位财货的价格，然后做出估价的企业家预测这些价格，用于指导自己的购买决定，从而导致第二阶、第三阶乃至更高顺位财货的价格形成。

第四节　成本计算

对于某个企业家而言，成本是购买生产要素所需的货币。企业家自然会寻找这样的生产要素，它的价格要低到足以让他制造及销售商品，并赚得能够覆盖显性成本的足够收入。决定购买要素的最优数量是一件复杂的任务，因为（从技术原因来说）等比例地增加投入不会一直导致等比例地增加产出。

尽管会计有着严格的法则（无论是对于股东还是税收目的而言），但我们必须牢记，企业家一向受他所预测的未来价格的引导。任何时候都不存在给定存货资本价值的"真相"。关键不在于企业家过去投入了多少资金，而在于企业家未来售出存货时能得到多少资金（以及这期间的相关利率是多少）。

第五节　逻辑交换学和数理交换学的对立

数理经济学家嘲笑"玩弄文字的方法"，而相信只有经验测量才是科学的。在人的行为中没有常数，而自然科学有常数（一个电子电荷、真空光速等）。对价格的统计分析仅仅是对经济历史的研究，因为过去的价格与未来的价格没有必然的关系。人们一直在对价格进行数学研究，好似不存在货币商品或市场过程，从而完全曲解了现实世界中价格形成的方式。最后，试图模仿经典力学的微分方程也是一种错误的方法。物理学家能描述真空中球体任何一时点的运动，但他并不知道"为什么"球会运动。比较而言，行为学家知道为什么人在市场中交换，却无法提前预测某一时刻的实际市场价格（因为实际上任何价格都是"非均衡"的，而方程式所涉及的则是假想的均衡价格）。

第六节 独占性价格

在自由市场中违背消费者权力至上原则，即对单个商品出售者（或一群行为协调一致的出售者）限制产出，并且将价格提升到原先的竞争性价格之上仍有利可图的情况，是极为罕见的。只有当需求曲线在竞争性价格上是无弹性的（意味着出售者通过提价和减量销售会得到更多），以及当出售者不对购买者进行歧视的情况下（假如独占者能够分割市场，向每群人收取不同价格，他就不需要限制产出以实现利润最大化），独占者才有可能这样做。

重要的是，要意识到"独占者"本身不足为奇。假如我们充分细分产品或服务，那么每个生产者都是独占者（只有一个人可以"出售"玛丽·罗森的诉讼服务）。对于米塞斯而言，只有当卖方将产出限制在消费者需求之下，即低于竞争水平时，卖方才算违背了消费者权力至上的原则。

第七节 商　　誉

因为人们被赋予不同信息和专门知识，所以买方必须时时依赖卖方的诚信。某个生产者由于长期以来深受信任，因此"商誉"给予他凌驾于那些无商誉竞争者之上的优势。众多有着家长主义作风的变革家希望用政府许可替代"信息不对称"的市场回应，但假如受政府任命者本身是堕落（或腐败）的，那么这就不是解决办法。尽管与那个无所不知的世界相比，真实的世界是低效的，但被名牌认可和信任的市场结果还是克服了信息不对称问题。

第八节 需求独占

假如只有单个购买者或所有购买者协调行动，那他或他们就能够限制需求以降低价格。然而，他们必须购买（且因此享受）少于现实需求的商品单位。因此，"独占性"买方不能采用独占性卖方的方式赚取一定收入。

第九节 独占性价格影响下的消费

一般而言，消费者满足会受到来自独占价格的损害。有一个例外情况，即假如不是因为商品的某个必要投入品的独占价格，就不可能生产出商品（这是将独占——以专利或版权的形式——授予"知识产权"创造者的理由）。

绝大多数关于独占的评论是混乱的。在自由市场中，只有一些矿产及地方网络（电话线、电力）具有独占价格。实际上，是政府的特权造就了卡特尔和独占。

第十节　卖方的价格歧视

一般而言，按照经济学家对市场价格的看法，就好像"同一"物品或服务有一个单一价格。然而，对于出售者而言，依据某一顾客的支付意愿收取不同价格有时是可能的。这只有在买方之间难以转卖的假设下才可能发生，也只有在这个出售者因此比统一决定价格更为有利可图的假设下才会发生。专业教材在讲述价格歧视时举了一位乡村医生向富裕主顾收费高于贫穷主顾的案子。

某些顾客可能受到价格歧视的损害，但某一种商品也有可能只在出现价格歧视时才会被提供。

第十一节　买方的价格歧视

尽管独占性买方不可能实现独占价格（独占性收益），却可以想象他们从价格歧视——不同买者不同价——中受益。这种情况在自由市场上不会持久，因为这依赖于卖方的愚钝无知。

第十二节　价格的关联性

某些商品价格有着一种特殊联系：花生酱的销售可能影响果酱的价格。但一般来说，一切商品的价格之所以相互联系，是因为它们都在为取得买方的货币而展开竞争。劳动力对于每样商品来说都是必需的，他们与消费、生产均有瓜葛，因此，孤立地分析一个特定价格是不可能的。

第十三节　价格和收入

市场过程不会把价格决定和收入决定或"生产"与"分配"这些截然分开的活动关联到一起。市场过程引起真实且特定的交易中的特定交换率。将资本财（乃至土地或劳动力）视作收入的源泉才是主观主义的态度。只有成功的行为人才能维持资本设备的运转或本人的身体健康，以在未来的持续销售商品或服务中获得预期收入流。

第十四节　价格和生产

市场过程会将生产要素引导到那些最能满足顾客要求的生产部门。在自由市场中，没有长期的劳动力失业，因为劳动力是最不特殊的要素。然而，特定土地甚至资本财却会持续失业——产能闲置。考虑到过去的错误，这个结果只要发生在自由市场，就代表着资源的最有效利用。政府通过立法刺激这些要素的使用（从而忽略现实）只能让消费者更贫穷。

第十五节　非市场价格的怪想

谈论那些真实市场形成价格以外的价格是荒谬的。总有部分人会从特定商品或服务的更高（或更低）价格中获益，但他们对不同价格的愿望绝不会冲击实际价格。因为市场价格包含了对所有相关因素的考虑，那些试图篡改价格者必定忽视了这些实际考虑。例如,政府对所有款式的跑鞋规定同等价格并不会消除消费者"武断"地给予某些品牌更高评价这个事实。

要点诠释

这一章又是一个重要的长篇。米塞斯阐明了价格的本质,(简要)描述了价格如何形成。(对具体价格形成的更复杂的探讨,参见罗斯巴德的《人、经济与国家》。)

米塞斯对主观消费者评价与客观生产要素价格之间复杂难懂却至关重要的联系洞若观火。要充分了解米塞斯对计划经济的评论,本章内容是必要的。

知识点拓展

(1)在这一章开始时,米塞斯有些拐弯抹角地提到许多买卖方受到的市场价格限制(第413页)。他脑海中有一个各个人拥有不同数量的商品的巨大市场,这些人彼此用统一价格交易,而其他人则退出交易。倘若我们假定一定数量的商品单位在一个共同价格上买卖——每个购买者和出售者所交易的单位数量都正符合需要,那么必然会出现这样的情况:价格会低到足以诱导"边际购买者"购买最后一个待售单位,同时阻止"边际提供者"意图售出额外一个单位;并且价格会高到足以诱导"边际出售者"售出最后一个待售单位,同时高到足以阻止"边际潜在购买者"愿意购买一个额外单位。(要使这个论证有效,我们必须假设每个交易者都知道这个共同价格是多少。这就是罗斯巴德在《人、经济与国家》当中将这一章命名为"价格决定:均衡价格"的原因)。

（2）米塞斯说，某一产品的估值在适当折减时序偏好的因素后等于全部的互补生产要素的整体价值（第423页）。他做出这个让步，意在将该主张与许多经济学家的错误方法相区别，即宣称最终消费财的主观价值等于对生产有贡献的那些要素的主观价值总和。然而，就算这个让步也过分了，因为实际上，单独一个人无法知道简单如一根铅笔所需的一切要素（和每种要素的数量）。因此，对于制造铅笔所需要的各要素（它们的全部）的评价，等于对一根（未来）铅笔的评价。这不能算瞎说，但也是十分空洞的表述，因为肯定没有人能做出这样"中肯"的评价。

（3）罗斯巴德反对独占价格及所谓"竞争性价格"的区别。罗斯巴德论证说，只有政府特权才能制造独占价格，经济学家所拥有的一切都符合现实世界中自由市场的产出水平。每个生产者都将"限制"产量，假如这么做将产生更多利润，因此用作比较基准的假想"竞争"水平并不存在，对某些生产者的批评是没有道理的。

习 题

第一节 价格形成的过程

- 关于交易各方所赋予的价值，每一次交易意味着什么？
- 为什么完美信息的概念无助于价格的解释？
- 人人不平等对于了解市场过程有多重要？
- 哪些人是市场过程的驱动力？他们是如何发挥作用的？
- 企业家是否将最终价格或均衡价格列入考虑？

  评论："交换学表明，企业家的行动倾向于消除那些并非由运输成本和贸易障碍所造成的价格差异……"

第二节 评值和估价

- 什么是决定价格的最终因素?
- 估价与评价有什么区别?
- "公平的价格"的概念科学吗?

第三节 较高顺位财货的价格

- 高顺位财货的价格是如何由第一顺位或低顺位财货决定的?
- 高顺位财货的价格决定过程是否包含与主观价值的联系?
- 我们要将哪种方法归功于戈森、门格尔和庞巴维克?
- 为什么谈论评价的加总或价值的加总是荒谬的?
- 为什么过去的价格不会影响未来的价格?
- 假如一件商品的生产过程需要两个或更多的绝对特殊要素,那么其价格决定过程是怎样的?假如所有的生产要素都是特殊的,那么其价格决定过程会怎样?

第四节 成本计算

- 报酬递增法则或成本递减法则是什么意思?
- 当所有不可完全分割的要素未得到充分利用时,会发生什么?生产扩张的结果是什么?当一个不可完全分割的要素得到充分利用时,又会发生什么?
- 运输成本是如何与生产要素价格相关的?
- 为什么说固定成本不是由单纯的技术理由决定的?

第五节 逻辑交换学和数理交换学的对立

- 数理经济学领域中的主要思潮是什么?
- 为什么统计方法意味着历史事实的呈现?为什么因此说统计方法不

适合经济学？
- 经济数据或统计事实如何增加了对价格决定的了解？
- 数理经济学家开展对价格和成本关系的调查，其目的是什么？在这个分析中，货币的作用是什么？
- 为什么根据效用单位进行计算是荒谬的？
- 价值理论的两个基本原则是什么？

第六节　独占性价格

- 独占价格的出现需要什么特殊条件？请简述。
- 为什么独占不是独占价格出现的唯一必要条件？
- 为什么假设第三类的价格是错的？这个问题的根源是什么？
- 根据米塞斯所说，对供给的控制是如何受到误解的？
- 为什么企业家利润与独占无关？
- 什么是卡特尔？卡特尔对经济有害吗？
- 竞争者的数目对于竞争而言是重要的吗？
- 什么是最优独占价格？
- 不完全独占是什么意思？后果是什么？
- 某个产业的自由进入，是否对维持该产业的卡特尔具有决定性的影响？这个事实对于独占的分析有什么重要性？
- 关于独占价格的形成，特许权的作用是什么？
- 什么叫作失败的独占？
- 为什么工会不以独占价格为目的？
- 关于独占的需求曲线，数学能教给我们什么？

第七节　商　　誉

- 商誉的含义是什么？米塞斯举了哪些例子？

第八节　需求独占

- 需求独占与需求竞争如何区分？
- 需求的明显独占怎样才能成为供给独占？

第九节　独占性价格影响下的消费

- 消费者面对独占价格有什么不同反应？请简述。
- 在什么条件下，消费者的反应使得独占价格等于竞争性价格？
- 假如在独占价格下，所有顾客比起在竞争性价格下花更少的钱购买商品，这是什么情况？
- 支持专利和出版立法的论据是什么？
- 政府干预如何影响卡特尔和独占组织的形成？

第十节　卖方的价格歧视

- 要实现什么条件，才能使价格歧视有利？
- 价格歧视是怎样使一个在价格歧视不存在时得不到满足的需求得到满足的？

第十一节　买方的价格歧视

- 没有政府干预能否产生买方的价格歧视？

第十二节　价格的关联性

- 为什么说劳动力无特殊性这个事实，表明了所有人行为的一般联系？

第十三节　价格和收入

- 为什么收入是行为的范畴？这意味着什么？

- "安全的收入"是否存在？
- 市场收入准确地说能否被当作一种分配？

第十四节 价格和生产

- 对于生产过程来说，价格决定了什么？
- 为什么对未使用的产能发出感叹是无意义的？
- 什么是错误投资？

第十五节 非市场价格的怪想

- 有"真实成本"这样的事物存在吗？
- 为什么成本价格这个想法是错的？

第十七章　间接交换

本章概要

第一节　交换媒介和货币

在以物易物的交易中，双方都打算将获得的商品利用到消费或生产中。比较而言，在间接交换中，至少交易一方不打算亲自使用这个购得的商品，而计划在未来用它交换其他商品。这正是该商品成为交换媒介的缘由。正如声波传播是通过空气这个媒介来实现的一样，凭借经济商品的属性充当交易媒介，我们也完成了一个更终极的交换。当某个特定商品被社会中的绝大多数人用作交换媒介，即当它充当"通常使用"的交换媒介时，它就是货币。所有的货币都是交换媒介，但绝非所有交换媒介均取得了货币地位。

第二节　流传甚广的一些谬误

"交易方程式"是典型的过时的货币分析方法。它断言

MV=PQ，也就是说，"货币总供给量"（M）乘以货币"流通速率"（V），必定等于"价格水平"（P）乘以"实际产出的数量"（Q）。在这个恒等式中，经济学家得出了错误的"中立的货币"概念，即主张货币存量的给定增长会同比例地提高所有价格。

但以上论证是循环推理。这个论证起步于"价格水平"和"总产出"是有意义的概念这一假设。当解释苹果价格时，经济学家着眼于苹果对个体行为人的边际效用，他不考虑全部种类的苹果。同样的方法也适用于解释货币的"价格"（购买力）。

经济学家解释货币购买力与解释苹果或电视等其他商品价格的任务之间存在一个重要区别。对其他商品而言，经济学家将行为人赋予它们的评价当成给定的事实，而这个事实可交由心理学家和生理学家探究。为什么一个人应该首先评价一个特定的货币单位，并探寻这个评价的含义，对此做出解释是经济学家的任务。

第三节　货币需求和货币供给

某些商品比其他商品更适销（有流动性）意味着这类商品的出售者不必费时搜寻就能找到一个购买者，而这个购买者愿意为该商品支付任何人都会给付的最高价格。比较而言，假如一个可销售性较差（无流动性）的商品必须尽快出售，那么他不得不接受的价格比起假定耗时费日寻找合适购买者所获得的价格就要低很多。

不同商品可销售性的差别导致了交换媒介的产生。例如，假如农夫用一头生猪换取小麦，但无法找到愿意用小麦换取生猪的人，那么农夫仍可用生猪交换销售性更好的商品（如土豆），从而改善自己的状况。他不仅有更大的可能性找到愿意用小麦换取土豆的人，而且存储和运输土豆也比生猪更方便。

当货币留在某个人的现金握存中时，它提供了独特的服务。没有"流通中的货币"这种东西，任何时刻每个货币单位都是属于某个人的现金握存。因此，除了相关规模的大小，"窖藏者"的现金握存与"普通人"的现金握存并无区别。

门格尔的货币起源论在认识论方面的意义

商品可销售性的不同程度构成了卡尔·门格尔货币自发起源论的基础。我们不必虚构一位英明的君主所构想出的间接交换的好处以及他如何相应地指导他的臣民。我们所需要的仅仅是假设以物易物交易中的人开始像以上假想的农夫那样行动。人们在增加自己对可销售商品的需求（作为交换媒介而使用）时，就会不断增加它们的可销售性。这个过程如同滚雪球，直到一些商品——比如金银——充当人人借助的交换媒介。货币在这个时候便已经出现，这是哪个人导致的结果。

第四节　货币购买力的决定

货币的价格是它在市场中的交换价值。虽然商品和服务林林总总，但在任何时刻都会有人愿意拿它们换取货币单位。对黄金这样的商品货币而言，它的市场价值既取决于它的工业需求，也取决于它的货币需求。人们用有价值的商品交换黄金，既因为他们希望将黄金用于生产或消费，也因为他们愿意持有黄金并将其作为交换媒介（法定货币乃特例，它们没有工业或消费用途，第九节将做探讨）。

经济学家对运用标准的边际效用方法分析货币价格是存疑的，这源于一个明显的悖论。货币需求的货币性因素明显源于它的交换价值。人们之所以愿意劳作一个小时交换一定量的黄金，是因为他们相信往后自己能用黄金换取衣食住行所需的其他商品。但这似乎陷入了循环论证：之所以说货币有边际价值，是因为它拥有交换价值，而在解释货币的交换价值时，又需要参考它的边际效用。

米塞斯指出了一条走出这个僵局的途径。要解释现在的货币购买力，我们需要依靠人们对未来货币购买力的预期。而这些预期又源于之前货币购买力的经验。简而言之，今天的货币购买力所依据的是对明天货币购买力的预期，而这个预期又基于昨天的购买力。经济学家因此不是在说"我们参考货币的交换价值解释了货币的交换价值"，而是在说"我们参考昨天货币的交换价值以解释今天的货币交换价值"。

米塞斯还探讨了另一个观点，即这个新论点导致了无穷的回溯。该观点也是错误的，因为当货币交换价值回溯到以物易物那个时期时，这个过程就会停止。在这个阶段，人们需要商品的原因只是由于它在生产或消费中的直接用途，而此时边际效用理论的应用是不成问题的。

其他条件不变，货币供应的增加将减少它的交换价值，即其他商品和服务的货币价格将会上涨。然而，若假设新注入的货币会导致所有货币价格等比上涨，则是草率的。恰恰相反，某些人花出新货币比其他人更快，从而只引起某些商品价格的上涨，而其他商品的价格是滞后的。在这个调整期间，财富将被再分配给那些在这个过程中早早用掉新货币的人。

第五节　休谟和穆勒的问题，以及货币的驱动力

战时德国及其他国家的疯狂通胀导致人们希望得到购买力稳定的货币，这是一个很明显的事实，但这个目标是不可能实现的。正如前面已表明的，货币供给中的变化不均等会影响价格。期盼本身没有驱动力的中立货币同样也是天方夜谭。这样一种商品不会是完美的货币，它完全不可能成为货币。

第六节　现金引起的货币购买力变化和财货引起的货币购买力变化

货币与各色商品、服务之间交换率的变动，既可以从货币端发生，也可以从实物端发生。通常来说，横跨绝大部分商品的货币购买力变动只可能发生于货币端。

源自货币端的变动不会让社会更富裕，它们只能再分配财富，即使在排除延迟支付的情况下，事实也是如此。另外，假如货币购买力之所以增加是因为真实商品及服务的整体增长，那么某些人更富裕，并不能使别人相应地更贫穷。

任何数量的货币作为交换媒介都能为社会提供完全的服务。只有将更多货币用于非货币目的，货币供应量的扩张才能让社会富裕。

通货膨胀与通货紧缩，通货膨胀主义与通货紧缩主义

"通货膨胀"和"通货紧缩"这两个名词是用来表示现金引起的货币购买力变动的。但今天它们的适用范围过于狭窄，仅仅指价格水平的上升或下降。这个新用法是不幸的，因为它让

公众忽视了价格上涨的真实原因，即货币供应量的增加。

第七节　货币计算和货币购买力变化

为了经济计算的目的，商人必须决定用哪种货币用于计量。假如通行货币被认为是不稳定的，他就会换成另一种，他必须处理这种货币购买力不可避免的变化。回顾历史，鉴于黄金购买力的变化，商人在金本位制度下一度乐此不疲地利用指数或其他工具调整他们的账簿。

第八节　对购买力变化的预期

假如人们普遍预测到货币购买力的变化，他们就会相应地调整他们的现金储存，并加速这个过程。例如，假如人们普遍预计价格上升，人们就会降低他们的现金储存，趁价格相对便宜时获取商品，但正是这样的反应本身会推高价格水平。公众越是相信价格上涨会持续加速，他们就越会在"逃向实际的财货"中彻底地放弃现金，从而引发"爆掉的暴涨"。

第九节　货币的特殊价值

一种商品货币同时服务于非货币目的，例如黄金。当这种先前的——立即偿付变得不可靠时，货币替代品的使用便出现了不可兑换币。在这个环节，先前与真实货币等价流通的要求权由于变得不可靠而受价值折损。然而，它们仍旧因充当交换媒介而具有部分价值。假如不可兑换币丧失了作为货币要求权的特征，虽然可以想象它依然可以作为法定货币流通，但对它进行评价的唯一根据就是它作为交换媒介的用途。

持有现金握存要求做出一定的牺牲，作为一定量货币的所有者必须放弃本可立即换取的商品以及原可用于借贷赚取的利息。这个观点证明了，货币只有"闲置"在某个人的现金握存中，才能够提供服务。

第十节　货币关系的含义

在经济不景气时期，人们常常抱怨"货币短缺"。然而，先前货币干预的结果是大范围的生产混乱（将在第二十章解释）。要想结束一场危机并恢复就业，真实的生产要素就要重新安排到最能满足顾客需求的部门，对货币供应量的干预（力图阻挠这种调整）只会延迟危机的结束。

第十一节　货币替代物

假如有一定量货币的要求权，可以见票即付和偿还，就没有人会质疑债务人的偿付能力，那么这个要求权就履行了货币的所有职能，并成为货币的替代品，典型的例子是银行钞票和支票存款。

倘若债务人（如一家银行）维持的货币储备恰好能"支持"其发行的货币替代品，这个要求权就被称为货币凭证。然而，假如债务人所发行的货币替代品超过他刚好能用货币清偿的部分，这个"无支持"部分的要求权就会成为信用媒介。

第十二节　信用媒介的发行限制

一家银行或政府自然有发行信用媒介的动机，但也受到限制：假如银行或政府发行信用媒介过快，公众会产生疑虑，他们会提交要求权，以赎回真实货币。在一个竞争性市场上，这个限制甚至更严。一家银行只有部分人是它的顾客，其他任何接受该银行钞票的人不会把这些钞票添加到现金握存中。因此，一家单方扩张发行其信用媒介的银行将会很快发现这些额外的钞票流回来了——人们要求偿付。

关于自由的银行业论述的几点意见

无监管银行业下所发生的一切都是骇人听闻的，这实际上可追溯至解除了某些银行合同义务的政府特权。没有政府的保护（以"银行休业日"的形式等），不负责任的银行会遭受挤兑并且破产。对私人银行卡特尔的默契扩张忧心忡忡是无意义的，有良好信誉的银行不会与其他银行同流合污。此外，政府对银行业的全部用意一向是将该行业组成卡特尔，并且推动信用扩张（以便降低利率），这一切在自由市场中不会发生。

第十三节　现金握存的规模和构成

人们以主观边际效用为基础决定适当的现金储存规模。总体而言，一个人所在乎的不在于储存货币的绝对数量，而在于购买力。尽管人们从来都渴望更多的财富（以货币衡量），但要说他们总是企求额外的现金握存则不然。对于某个人来说，他完全有可能储存了"过多的"现金，而他会采取措施去削减这个握存。

第十四节　收支平衡表

收支平衡是一个人或一群人在特定时期内收入（进口）和支出（出口）的货币等数值之记录。借方和贷方必定相等，收支平衡也总是处于平衡状态。

货币的净流出反映了负面的贸易收支，这个现代人的观点源于对商业的偏见。贸易赤字不是冲击一国的不可预料的灾祸，而是该国之内人人谨慎交易的累积结果。没人担心纽约居民会愚笨到将所有的钱花在购买其他州的商品上。当涉及其他国家以及外国通货时，情况更为复杂，但原则是一致的。

第十五节　两地之间的货币交换率

套利机会将汇率维持在狭窄区间内。正如不同地方的商品价格可能仅由于相关运输成本不同而导致的，因为如果这个差异太大，商人就会在便宜之地买入，在昂贵之地卖出。不同货币的购买力也因此只有细微差别。货币和其他商品之间的一个重要区别在于，后者的价格有一个预测模式：它们在临近生产区域时最低，随着运往远处的运费的增加而上升。

当政府实行信用扩张时，本国的价格水平会不均等地升高。在该过程的早期，这种通货也许会在外汇交易市场上贬值。这导致了"价格上涨应归咎于投机分子"这种糊涂的指控，其理由是他们"攻击"了本国通货。

第十六节　利率和货币关系

以同一种货币结算的信贷交易会形成相同的信用风险利率。当金钱以一种通货借入，以另一种通货贷出时，投资者既要考虑所涉及的不同利率，也要考虑贷款期间的汇率变动。

第十七节　次级交换媒介

一种或多种交换媒介上升到货币的地位的事实，不能消除其他商品之间可销售性的区别。可销售的商品——尽管与货币商品不同——既具有"原始"用途的需求，也具有它的本身可销售性所导致的需求。在这个方面，它们可被视为次级交换媒介。那些持有这些次级媒介的人会相应持有更少的现金握存，典型的例子包括国债和高等级公司债。

第十八节　通货膨胀主义者的历史观

普通大众与许多学者将货币购买力的适度下跌或持续下跌视为实现繁荣的必要条件。通货紧缩被看作灾难。但在政府不扩张货币供应的市场经济中，价格一般会随着时间的推移而下降。人们不难适应这种新情况。当然，这个观察结论不能成为政府主导下的价格下跌的正当理由。

第十九节　金本位制

行为学解释了货币的出现，但解释黄金为何成为世界货币则是历史学家的任务。金本位制时代以古典自由主义特征为标志。将无限制的信用扩张视作人类问题解决办法的那帮人因为金本位制加在各中央银行上的限制而对其恨之入骨。

国际货币合作

要使国际金本位制得以运行，合作是完全没必要的。每个政府都能规定一定重量的黄金兑换本币。货币合作的各种模式意在减少单个中央银行所受到的信用媒介限制。假如所有政府达成默契一致扩张，就不会消耗它们的货币储备。这个分析方法仍旧忽视了第二十章将会探讨的商业周期问题。

要点诠释

这一重要章节解释了米塞斯对经济学理论的一个主要贡献，即回归定理。毫不夸张地说，通过将边际效用理论应用到货币问题上，米塞斯统一了微观经济学和宏观经济学。本章中，米塞斯还解释了货币起源，银行业中的自由放任如何运作，并且提出了他的繁荣—萧条周期理论，这个理论将在第二十章中予以全面解释。

知识点拓展

（1）回归定理解释了货币交换价值。为了给他的定理做辩护，米塞斯写道（第515页）："最后，有一个反对意见说，前述回归定理的观点是历史性的，不是理论性的……"这是个饶有趣味的问题，因为从表面上看，米塞斯似乎偏离了行为学方法。他对于货币购买力的解释难道不像历史叙述，即与他的德国历史学派对手所给的解释类似吗？但这只是表面结论。米塞斯没有深入历史去探究黄金实际是如何产生购买力的。恰恰相反，一个人可以在逻辑上接受回归定理，而不必去翻阅史书。这是一个包含时间因素的具有逻辑性的理论建构。

（2）在对自由银行业的论述中（第 557 页），米塞斯提到了一个关于替政府干预辩护的意见的反对意见，即对于判断无管制银行所发行钞票的品质，无知的个体是无能为力的。要注意，即使起初每个人都接受了陌生银行的钞票，米塞斯对自由银行业之辩护同样有效。关键在于，这些接受者会尽快处理掉这些银行钞票，要么花掉它，要么把它存到自己的银行（这个情况类似于某个人今天有 20 元钞票以及同时陌生人开出了 20 元支票。哪个会被先存到银行？）。这些钞票会很快流回发行银行。

（3）货币替代品和次级交换媒介的关键区别在于，后者必须首先兑换成货币，它的持有人才能获取最终目标（第 580 页）。

（4）在上文提及的区别之外，米塞斯所说的不可兑换币（第 539—540 页）与次级交换媒介（第 580—585 页）之间的区别甚微。两者都可能是对一家信誉卓著的发行者的货币要求权，例如政府或受人信任的银行。区别在于，米塞斯将不可兑换币定义为起初能立即兑现的要求权，而后来这种兑现已告废止。不可兑换币既然不是契约型信用工具（尽管名称令人混淆），就不再承担利息，然而因为发行者可能永远也不赎回，导致了它的成交价低于其面值。比较而言，一个次级交换媒介，如公债，所指的是对于未来货币支付的要求权。它的可销售性使得它可以溢价交易，也就是说，它在市场上的要价高于其持有者所享有的预计未来现金流的现值（请注意，不是所有的次级交换媒介都是法定货币要求权，米塞斯还举了珠宝的例子。在这个知识点拓展里关注债券，是为了区分不可兑换币和次级交换媒介）。

习 题

第一节 交换媒介和货币
- 什么是间接交换？什么是交换媒介？

第二节 流传甚广的一些谬误
- 为什么说"中性的货币"是错的？
- 交易方程式有什么错误？
- 客观使用价值是否会影响价格？
- 为什么交易方程式与经济思想的基本原则不兼容？

第三节 货币需求和货币供给
- 更具"可销售性"的商品是什么意思？这仅仅意味着一种商品有更高的市场价值吗？
- 货币唯一的功能是什么？货币是经济商品吗？
- 现金握存的定义是什么？按照这一定义，在什么方式下，"流通"这个词有意义？
- 为什么抱怨窖藏是错误的？现金储存与窖藏之间有什么区别？
- 为什么货币的估价与其他商品的估价方法是一样的？
- 货币边际效用的下降要比其他商品慢得多，这个反对理由背后混淆的是什么？
- 米塞斯对货币数量论的批评是什么？

第四节 货币购买力的决定
- 什么是回归定理？
- 有必要通过过去（短时间）的货币购买力预测未来的货币购买力吗？

- 货币的价值评估以什么方式区别于可售商品和服务的价值评估？
- 货币关系是什么？它是怎样决定购买力的？
- 为什么货币数量的增加没有在同一时间，以同样的程度影响不同的商品和服务？
- 从货币数量的增加中，谁得益，谁受损？
- 关于现金储存的彼此抵消，我们能说什么？

第五节　休谟和穆勒的问题，以及货币的驱动力

- 休谟和穆勒的问题是什么？
- 为什么有必要强调，货币是一种经济商品而非一定数量的价值这个事实？

评论："一个本身没有驱动力的货币将不是人们认为的完美货币，那根本不是货币。"

第六节　现金引起的货币购买力变化和财货引起的货币购买力变化

- 什么是商品引起的购买力变动？
- 什么是现金引起的购买力变动？
- 在一个经济体中，货币总供给量有多重要？
- 为什么当政府印制新纸币时，总是会增加某些人的利益，而使另一些人受损？
- "通货膨胀"和"通货紧缩"这两个词为什么不属于行为学的概念？
- 当米塞斯称"你不可能对抗一个你无法指名道姓的政策"时，我们如何理解？

第七节　货币计算和货币购买力变化

- 为什么经济计算不是分毫不差的？为什么称它不圆满是大可不必的？

第八节 对购买力变化的预期

- 为什么刚刚过去的购买力是关系到货币一切判断的基础？这些变动预期的作用是什么？
- "逃向实际的财货"或"爆掉的暴涨"的原因是什么？关于这个现象，数理经济学家失败在哪里？
- 通货膨胀过程的不同阶段有哪些？

第九节 货币的特殊价值

- 实物货币和不可兑换币的概念是什么？
- 为什么我们不能根据某个人的经济状况确定他的现金储存？

第十节 货币关系的含义

- 生产者会因为缺少货币而变穷吗？
- 通货膨胀政策的后果是什么？

第十一节 货币替代物

- 什么是货币替代品？
- 货币证券的定义是什么？
- 信用媒介的意思是什么？
- 商品信用的定义是什么？
- 流通信用的定义是什么？
- 区分信用媒介和货币证券的是什么？
- 信用扩张的唯一原因是什么？

第十二节 信用媒介的发行限制

- 信任在哪方面对于信用媒介是重要的？

- 每家银行发行银行钞票的主要依据是什么？
- 法律迫使银行按储蓄总额及发行银行钞票的一定比例保持准备金的后果是什么？
- 根据米塞斯所说，要防止任何幅度的信用扩张，什么是必要的？
- 政府能从印钞中获利吗？
- 为什么我们不必害怕商业银行的卡特尔？
- 信用扩张和利率之间的关系是什么？

第十三节 现金握存的规模和构成

- 利用国外未使用的货币替代品通过什么方式刺激剩余的出现？在这个背景下剩余意味着什么？
- 在哪种情况下，剩余会转移到国外？
- 什么是格雷欣法则？

第十四节 收支平衡表

- 收支平衡的定义是什么？收支平衡传递的信息是什么？在什么方式下，考虑团体的规模大小是重要的？

第十五节 两地之间的货币交换率

评论："商品通常只往一个方向移动……但是货币有时候往某个方向输送，有时候往另一个方向输送。"

- 有关城市是属于同一主权国还是属于不同主权国，为什么没有什么区别？在交易框架下，运输成本的作用是什么？
- 政府干预如何加剧国内支付和国外支付之间的差异？
- 什么是购买力平价理论？为什么不同种类货币的相互交换比率会趋向一个最终状态？

- 谁会从汇率差价中受益？

第十六节　利率和货币关系
- 利率差价是什么原因引起的？
- 假如 A 国和 B 国都在同一本位制下，为什么说，除非 B 国各银行采取相同的政策，否则 A 国各银行不可能扩张信用？
- 一国的通货制度需要"防御者"来保护吗？
- 市场利率能被信用扩张永久性地压低吗？
- 永久维持一个地区及一个国家的通货和黄金与外汇平价的唯一手段是什么？

第十七节　次级交换媒介
- 什么是次级交换媒介？
- 什么是最受欢迎的次级交换媒介？
- "热钱"的意思是什么？它的特点是什么？

第十八节　通货膨胀主义者的历史观
- "经济繁荣只有在一个物价上涨的世界中才可能实现"这个观点错在哪里？
- 为什么企业家赚取利润的机会在物价下跌的世界与物价上涨的世界中一样会出现？

第十九节　金本位制
- 为什么称金本位制为"野蛮的遗迹"是荒谬的？
- 为什么政府建立的复本位制宣告失败？
- 为什么各国政府会挑战金本位制？

- 金本位制以什么方式限制了政府的干预领域？
- 国际货币基金组织（IMF）的功能是什么？它对维持货币事务是必要的吗？

第十八章　时间流逝中的行为

本章概要

第一节　时间估值的视角

一切行为都被引向想象中的未来状况的改善，尽管某些行为意欲改善的正是不远的未来。人们对各时段的评价截然不同。当其他条件不变时，相对于遥远的未来，人们更重视较近的未来。

有若干与时间相关的概念属于人的行为范畴。"熟化时间"（maturing time）是指一个行为的发生至其预想效果出现的时间间隔，最明显的例子是农业。借助于劳动的工作时间是行为的重要特征。工作时间加上熟化时间就是"生产期"。"功用持续期"（duration of serviceableness）衡量的是一个给定行为增进需求满足的时间长度。"准备期"（period of provision）是一个行为人谋求影响的这段未来。

行为总是面向未来的。特定资本财的历史来源是无关紧要的。对于行为而言，关键是如何使用当前的可用资源——自然、资本及劳动力，最好地满足未来的需求。

假如一个人延长了生产期，那么每单位投入的物质产出可能会增加，这是一种经验。这意味着假如一个人愿意等待更长时间，那么劳动成果及其他自然资源可能会倍增。这个产出的增加被等候的负效用所抵消。

第二节 时间偏好是行为的必要条件

行为人绝非仅就时间长短来评价满足及其分配。当其他条件不变时，对于一个给定满足而言，较早的优于较迟的。这个时序偏好法则意味着，假如区别仅在于可用日期，那么当前商品比未来商品更有价值。

时序偏好显然有相关的心理学和生理学解释，但这些解释对人的行为法则是不完备的。行为的概念恰好蕴含着时序偏好。假如一个行为人不愿较早获得满足而愿较迟获得给定满足，他就没有理由在当前消费。他会推迟到明天消费，到了明天他又会再次推迟。因此，一个行为人愿意消费就代表他有时序偏好。

在现代经济中，一个人可以取消当前消费并赚取利息。即便如此，人们仍旧会在当前消费他们收入的一部分，这是时序偏好的证明。为未来储蓄的这个收入也与时序偏好法则相一致，因为正利率（连同其他要素，如相对于未来价值的当前财富）使得"其他条件"发生变化。时序偏好法则不是说每个人都必须尽可能地在当前消费，而仅指每个人宁愿较早获得而非较迟获得相同的商品或满足。

论时序偏好理论的演进

古典经济学家由于他们错误的价值理论忽视了时间在利率解释中的关键作用。时序偏好利息理论是由威廉·斯坦利·杰文斯，尤其是欧根·冯·庞巴维克展起来的，然后由克努特·维克塞尔、弗兰克·阿尔伯特·费特和欧文·费雪完善。

时序偏好法则的反例让一些经济学家感到迷惑。对于严冬时节的人来说，难道不是"未来的冰"比"现在的冰"更有价值吗？然而，在以上两种情况中，其他条件明显不一样。

第三节 资本财

资本财是已经制造出来的生产要素。最初的资本财必定是由自然要素和劳动混合而成的。因此，资本财不代表一个独立的生产要素。然而，说资本财是劳动力及大自然的"储存"，这个构想错在遗漏了时间的作用。资本财的所有者更接近最终目标，假如他原先没有资本财，那么他首先需要耗费时间制造这个资本财。

资本财是媒介，那些更长的时间过程通过它变得更有生产力。起初投入资本财制造的劳动力和自然资源会得到更多产出。资本财并非只是固定设备（如工具、建筑、机器），还包括中间产品，如面粉（注定要成为面包）和原油（注定要成为汽油）。

在延长生产期前，一个人首先必须努力储蓄，即让当下的消费低于未来可以达到的消费。一个明显的例子是，对于投身一个项目（例如建设大桥）的工人来说，消费财储备在若干年间不会产生直接效益。

生产结构的复杂程度是让人难以想象的。在任何时候，人们都在无数重叠交错的步骤中利用先辈留下的资本财，从而反过来生产更多资本财。货币盈亏计算使得这个过程有条不紊，从而允许资本财所有者确定他的资本（由预期市场价格所衡量）是扩大还是缩减。

第四节　生产期、等待期和准备期

行为总是有前瞻性的。假如一个人试图衡量制造现有资本财所耗费的生产期，他就要努力回溯生产活动的历史，直至最初资本财的形成。幸好这样的计算是不相关的，从稀缺资源的当前使用至预想目标的实现，其间必须经历多久才是关键所在。

经济学最终关注主观偏好和行为，而不关注物理对象。要将物品归类为资本财和消费财，绝对没有什么客观的方法，行为人分派给它们的职能才是关键。当准备用于消费的产品被企业家用于补给工人时，这些产品在这段时期就被归类为资本财。

在任何时候，人们用来最大化单位投入产出的生产过程，都恰恰受到较早消费优于较迟消费的偏好的束缚。因此，假如一个人要采用使同等投入获得更多产出或更优产出的生产过程，他就务必要采用更长的生产过程。要使这个转换不会让消费暂时下降，人们就必须要有一个提前的储蓄行为。

上述情境需要一个技术知识的给定状态。诚然，一个新发明或新发现也能带来单位投入产出的增长，甚至不会造成生产期的追加。但即便如此，一旦整体生产结构适应了新技术发展，假如人们愿意推迟满足并为产品等候更长时间，生产效率就会进一步提升。这一点依然是事实。

文明史不仅仅意味着越来越多的技术诀窍，也意味着世世代代的储蓄和资本积累，后者使得当今工人的劳动更有生产力。假如一个突如其来的灾难毁灭了大部分工具、机器和产品，那么人类要花很长时间才能获得先前的财富，尽管他们从一开始就知道最先进的技术。

准备期延长到行为人的预期寿命之后

一切行为都在（延长的）现在发生，并因此包含着人对现在的评价。可以说，一个人对一个预计在明天发生的某个满足的当前评价要高于在一年内预计不会发生的同一满足的当前评价。

人们当然会为了惠及他人而采取行为，这通常被为"利他主义"。行为学无疑可以解释这类行为，因为利他主义者通过助人为乐减轻了自己的不适。一个利他主义者同样可能愿意在死后帮助那些活着的人，例如他的子嗣。这和时序偏好法则并不相抵触。

时序偏好理论的一些应用

西方各国发展资本密集型经济的原因在于，它们接受了私有财产的必要政治框架和法律框架，在这些框架下，储蓄和投资得以兴旺。第一次世界大战前，资本在国家间自由流通，欠发达国家也得到了发展，因为它们实际上借来了从西方各国进口资本财中所包含的时间。然而，随着"国有化"外资和外企的崛起，国际资本市场处于崩溃的边缘。这不仅使得所有国家更贫穷，而且埋下了武装冲突的种子。

第五节　资本财用途的可转换性

一切资本都体现在实物资本财上，不涉及实际资本财的某些理想的抽象资本额并不存在。当一个商人谈到他的全部"资本"时，他指的是与其他企业相关的所有资本财被出售且所有债务得到清偿时他大致能获得的金额。

通常的固定资本和自由（流动）资本两分法可以更准确地讨论资本财的可转换性。对一切资本财的评价所依据的是它们对未来目标的预期贡献。假如新信息或偏好变化改变了全部计划，那么这个资本财的用途也许会被改变。可转换性表示这个意图变化可能发生的难易程度。一般而言，资本财的专用性越强，其可转换性就越差。例如，假定市场外生给定条件突然变动，商人也许更懊悔于购买钢制机件而非钢铁。

现金也不是绝对"自由"的资本形式。现金所有者同样要对未来市场状况做出选择，他并不"在市场之外"。例如，货币购买力可能发生的剧烈变动令货币所有者对"投资"这个工具后悔不已。

第六节　过去的活动对行为的影响

社会变革家在对市场经济的考察中发现了严重浪费的情况。生产设施有闲置产能，生产中心和人口中心处于不合宜的位置，工厂没有全部使用最先进的技术。然而，这些批评者无法了解，不是武断的"账面利润"，而是资本财有限的可转换性阻止了更高效率的生产安排。

诚然，假如先辈已经拥有我们现在所拥有的知识，那么他们所做的决定应该会有所不同。然而，在当前，我们必须利用所继承的这个资本结构开展行动。假如最新产品的效率不能补偿它们的购买价格，那么继续使用"过时"的工厂和设备从经济角度看就完全讲得通。消费者不会在每次新品到货时就抛弃他们的汽车或冰箱。甚至计划经济者也要接受这些观点的指引，尽管由于缺少市场价格，他们没有办法知道是应该拆除一幢大楼，还是应该废弃一家工厂。

第七节 资本的积累、保持和消费

资本概念是一个心智工具。维护或改善一个人资本水平的意愿在实际上是为了维护或改善他努力达到未来想要的满足的生产效率。同时，资本总是体现在有形资本财上，后者必然随着时间而消耗。因此，维持一个人的资本实际上意味着成功预测未来的状况，以便使用与前一批资本财之产品等值的货币购买具有相等或更高货币总值的一批新资本财。

资本及资本会计的概念只有在具备所有资本财和消费财价格的市场经济中才有意义。当然，即使在原始社会中，渔夫也明白维护渔船、渔网正常使用的重要性。但在技术配方和消费者需求不断变动的现代经济中，依赖传统是远远不够的。要确定他们的努力是增加还是减损了资本，企业家就需要了解市场价格。

新增资本只能通过储蓄积累，它被定义成生产超过消费的剩余。然而，这个储蓄不会必然引起消费的实际减少，因为自然条件可能已经改善，或者技术发现已经使得生产拥有更大的潜力。即便如此，假如某些新增投入被用于更多资本财的生产中，消费就必定达不到原先本可以达到的水平。换言之，要想积累更多资本财，我们就有必要从潜在的消费财中释放稀缺资源。

假如目前的大部分产出为消费所占用，而当贡献于新资本财的剩余不足以替代资本存量的折旧时，就会出现资本消费。因此，资本消费可能允许消费暂时增加，但由于资本财存量下降，未来的产出将减少。

第八节 投资人的流动性

尽管资本财的可转换性有限，但假如它们的所有者预见到市场灾难，并将它们卖给意识不到这个情况的人，那他们就可以避免迫近的亏损。然而，一个人必须懂得，盈亏源于稀缺生产要素对于满足消费者这些预想目标的贡献。股票市场交易不会改变盈亏总额，只会改变承担盈亏的特定人。

这些观点表明了外汇控制是徒劳无益的。有代表性的是，当一国政府实施管制以阻挠"资本外流"时将会使本币贬值，但不改变本国经济所受到的损害，而仅仅是阻止了本国国民将部分亏损转嫁给外国人。

第九节 货币与资本，储蓄与投资

间接交换的巨大优势既体现在资本财领域，也体现在消费财领域，因此，企业家与消费者一样有现金握存。一个商人理所当然地将他的现金握存（假定供企业而非本人使用）视为资本的一部分，并把它们与诸如机器、设备、存货的等值货币进行加总。这个惯常做法给一些经济学家造成一个问题：在计算集体的"社会资本"时，是否应该排除货币？毕竟从感觉上来说，一个农夫的拖拉机使得整个集体更富裕，但要算上他钱包中的20美元钞票却看似不怎么合情合理。

这些悖论源于他们徒劳地将这个工具——资本会计——运用到无用之处。这个商人的资本算法是完全正确的，现金握存应被算作资本的一部分。但问题产生于视社会为一个整体并由此进行推理。计算整个社会的"总资本价值"是无意义的，因为社会永远不会将全部资本财售给其他购买者。一旦我们离开了具有真实货币价格的真实市场经济背景，我们就失去了将异质资本财合一的能力。资本存量就再也无法被简化成一个有意义的数字，而仅仅是诸如不同工具、设备、物资的大杂烩。

要点诠释

在本章开始时，米塞斯解释了时序偏好的重要概念，即人们宁愿较早而非较迟实现需求满足。这为下一章利率的讨论奠定了基础。根据主观时序偏好解释利率，反对以资本主义生产的物质生产力解释利率是现代"奥派"学者与大多数思想流派的区别所在。

在本章余下的部分，米塞斯探讨了资本财，其处理方法同样非常"奥派"，因为其他学派不强调生产的复杂结构。奥地利学派经济学家强调了资本财有限的可转换性，一旦计划有变，要使生产结构适应新情况是有代价的。只有在这个框架下，读者方能了解米塞斯将在第二十章介绍的商业周期理论。

知识点拓展

（1）一个纯粹的逻辑主义者会对以下引自米塞斯的一段话吹毛求疵（第606页）："在其他条件相同的情况下，人们总是偏好较近需求的满足感，而非未来需求的满足感。眼前的财货总是比未来的财货更有价值。"

问题在于第一句是多余的（假如其他情况不变，就不会是同等的满足），而第二句语义清晰则是必要的。例如，一根现在的香蕉不必然比将来的香蕉更为重要，因为其他情况可能变动。一个人也许已经刚刚咽下了三根香蕉，而明显愿将第四根香蕉留在明天享用。

（2）米塞斯假设读者熟悉庞巴维克对于资本和利息理论的贡献（如第610页）。庞巴维克是继门格尔之后第二代伟大的奥地利学派学者，其著作对利息理论有详尽的分类和论述。特别是，他批判了关于利息的"天真的生产力理论"，该理论将利息的源头解释为资本生产力。庞巴维克通过论证及巧例证明了这个解释的不足，其原因在于，若资本家那个不得不为机器等预付的价格没有完全反映产品销售时它们对最终产出的预期贡献，就不会为利息收入留有差价空间。仅从机器具有生产力这个事实——拥有机器比没有机器生产得更多——无法解释正利率。米塞斯支持弗兰克·费特，批评庞巴维克在对利息的解释中也颇为讽刺地退回到一模一样的生产力谬误中。

（3）米塞斯以一种古怪的方式处理了所谓时序偏好的反例（第611—613页）。其他时序偏好理论的辩护者都将"严冬之冰"的例子作为因消费者主观体验不同而不同的物品之一来处理，而米塞斯的理由是，应注意到将严冬之冰转换成酷暑之冰的技术因素，它们是"不一样的商品"。当谈到守财奴时，显见的反驳理由为"目的是主观的"，即守财奴明显偏好死亡（目前来看）甚于果腹。然而，米塞斯不这样论证，仅仅说这种极端例子"代表一种生命力枯竭的病态"，这并不能清楚地解释为什么时序偏好得到了满足。

（4）米塞斯对股票市场的讨论（第647—650页）或许会让某些读者以为，他否认这种制度的重要性及其与"真实"经济的相关性。恰恰相反，米塞斯曾告诉罗斯巴德，一个严重管制的市场经济与一个全面计划经济的区别所在——前者有一个发挥机能的股票市场。股票市场对于决定由谁最终控制大型企业起到关键作用。米塞斯在文中仅仅表明这一点，即利润和亏损的根源不在华尔街，而在于企业家运用生产要素满足消费者之优劣成败。这个洞见与以下观点相一致：对于确保最佳人选掌握事关如何运用生产要素的决定权来说，一个成熟的股票市场是必要的。

习　题

第一节　时间估值的视角
- 为什么生产期与功用持续期都是人的行为范畴？
- 为什么每个选择都包含着准备期的选择？
- 延长准备期的方法是什么？
- 选择更长的生产期意味着什么？

第二节　时间偏好是行为的必要条件
- 哪一个不可否认的事实提供了时序偏好概念的基础？
- 资本和收入在行为学上的区别是什么？

  评论："我们可以设想，一个人如果不偏好近期的满足甚于未来的满足，那么，他将永远不会消费和享乐。"

第三节 资本财

- 储蓄的作用是什么?
- 时序偏好怎样限制储蓄和投资的数量?

评论: "我们的处境之所以比前人更好,只是因为我们拥有前人为我们积累的资本财。"

- 为什么说经济学家将资本归类为一个独立生产要素是错的?
- 为什么资本财的价格与这个资本财的重新生产所需要的那些相互补足的原始生产要素的价格总和之间的差额完全源于时序偏好?

第四节 生产期、等待期和准备期

- 奥地利学派关于技术知识及其在生产过程中的作用的观点是什么?
- 外国资本是如何帮助贫穷国家的?
- 资本供给是怎样决定生产水平的?

第五节 资本财用途的可转换性

- 为什么资本总是体现于一定的资本财?
- 为什么没有"自由"资本?

第六节 过去的活动对行为的影响

- 什么时候用新设备替换旧机器在经济上行得通?
- 为什么说技术落后和经济劣势是两件不同的事情?
- 米塞斯对于支持关税的幼稚工业论的批判是什么?
- 资本财的可转换性怎样影响到事关生产和消费的一切决策?

第七节 资本的积累、保持和消费

- 为什么说资本是一个行为学概念?它以什么方式有别于马克思的资

本概念？
- 资本能被积累吗？为什么资本只能由个人积累？
- 什么是资本消费？

第八节 投资人的流动性
- 资本逃离会使收支平衡恶化吗？
- 股票市场的交易会产生利润和亏损吗？

第九节 货币与资本，储蓄与投资
- 假如一个人没有将货币直接用于生产要素的购买，会发生什么？假如他利用额外的储蓄以增加他的个人现金握存，会发生什么？
- 现金握存是如何影响资本的累积的？
- 假如不兑换纸币产生了个人现金握存的额外货币，结果会是怎样的？

第十九章 利　　率

本章概要

第一节 利　　息

本源利息是未来物品相对于现在物品的折扣，也是根源于时序偏好的普遍现象。正如第十八章所阐述的，相对于未来的物品，人们必然对现在的物品给予更高的评价。这自然导致即刻可用的给定物品相对于完全一样的物品在未来的严格要求权有着更高的市价。现在物品相对于未来物品的更高价格就意味着本源利息，经济学家必须解释这个现象。

古典经济学家错误地将利息收入（他们称之为"利润"）归因于某一类物品，即资本。他们认为，利息（利润）是资本的报酬，而租金是土地的报酬，工资是劳动力的报酬。然而，现代经济学家意识到租金是一个更普遍的现象，它是所有稀缺生产要素的报酬。例如，一台扫雪机——资本财——的所有者可以出租它的服务，在这个意义上，也可以说工人向雇主出租服务并按期收取费用。同理，不仅资本财的所有者，而且土地的所有者也一样可以赚取利息。某人支付10万美元获取一块农地，这块地的年租金为5000美元，以他投资的金融资本来计算，每年有5%的利息回报。工厂主赚取利息收入的方式肯定也是一样的。这些事实表明，古典经济学家试图将租金和利息（利润）归因于特定类型的生产要素是错误的。

本章所介绍的本源利息表明，根据资本财生产力解释利息的企图是错的。诚然，某人的产出在使用机器时比不使用机器时更多，但这个事实无法解释为什么有人投资机器会赚取利息。机器的生产力解释了机器的价格，却无法解释为什么其购价要低于机器最终额外产出商品的市价。正是这个生产要素的折扣（与最终产成品对比）构成了利息。

第二节 本源利息

本源利息不是通常所定义的"付给资本服务的价格"。资本财的租金源于它的服务。利息本身不是价格，而是价格比，即现在价格相对于未来价格的比率。

土地（理论上）提供了无穷的服务流，本源利息同样解释了土地的有限价格。假如人们不对未来年份预期的收入流贴现，他们就不会准备为一块地付出任何代价，而无论其金额有多高。

传统分析法会说，利率在借贷市场上由供求作用决定。其实倒不如说，以不同利率借贷一定量货币的意愿是由人们的主观时序偏好决定的，即由他们未来的消费相对于现在消费的贴现决定的。利率不仅显现于借贷市场，而且贯穿了全部的生产结构，体现在成品价格相对于投入总额的"价差"。适当考虑所含的不同风险，今天借出的 100 美元相对于一年内归还的 105 美元的"价差"在情理上一定类似于一个资本家在购买 10 年美酒 12 个月后卖出 11 年美酒赚取的价差。时序偏好的同一现象决定了两个例子中的价差水平，绝非现金借贷市场"设定"或"决定"了其他市场的利率。

第三节 利率的高低

更高利率引起更多储蓄或更少储蓄的说法都是不对的。应该说，人们对于未来物品的贴现既决定了储蓄量，也决定了利率水平。

资本财供应与利率没有必然联系。人们有时称资本积累导致了较低利率，并且引用先进经济与落后经济的利率作为证据。然而，欠发达国家的高借贷利率反映的不仅是纯时间贴现，而且是这些国家的相关投资风险。尽管对于收入及储蓄量，心理学和生理学会相信经验法则，但这些都不是人的行为的真理，并且总能找出例外。

第四节 变动经济中的本源利息

英国古典经济学家将总收入超出总货币费用的部分叫作利润。现代经济学理论将这个差额分成企业家的隐含工资，投资资本的利息，以及真实的企业家利润或亏损。例如，一位女士将本人的 10 万美元投资到机器及工具当中，同时每周还贡献 80 个小时经营自己的企业，以赚取每月 1000 美元的收支差额，她肯定不会将这个企业视为盈利的。她会适当地考虑，可以将自己的劳动力出售给其他雇佣者，并且将10万美元投入其他项目赚取利息，以赚取远超过每月1000美元的可能收入。

在日复一日自我重复的均匀轮转经济中，利息和纯利润的差别是明显的。即使没有不确定性，在生产要素上的支出额也比顾客购买成品的收入额低。这个差额就是本源利息，并且它说明了时序偏好的影响。即使在均匀轮转经济中，人们也重视现在的物品甚于将来的物品，这就是为什么制造商品的必要投入组合的全部市场价值要低于成品的最终价格。因为即使没有不确定性存在，一个人起初投入生产所需的劳动力、自然资源及资本财也仍有必要完成全部生产项目。这个固有的等候时间是商品投入相对于商品自身价格之间价格差存在的原因。

在现实世界里，在这个源于时序偏好、无所不在的本源利息之外，还有源于投资者对未来市场状况做出预测的企业家利润或亏损。在信贷契约当中规定的或体现在生产要素与最终消费财之间价差的实际利率不仅包含本源利息（源于所含时间），还包含企业家利润。纯利润伴随着每笔贷款或投资，这揭示了现实世界中每个行为的企业家性质。人们必须一直预测未来的状况并且做出相应的计划，并认识到他们的判断也许会犯错。

第五节　利息的计算

企业家倾向于消除隐含在不同部门生产要素中本源利率的差别。假如小麦和一块面包之间的价差比葡萄和一瓶美酒之间的价差高，投资者就会将他们的资金撤出酿酒生产，从而将其投入面包生产（这里当然为了展示方便而简化了事例）。这个转变因此缩小了两个部门间价差的区别。资金流动将持续到面包生产的回报率与酿酒生产的回报率相同为止。

当满足越来越难以实现时,人们对其评价必然也越来越低。然而,说价值以均匀的速率随着时间递减是缺乏理由的。实际上,既然每个行为人都有一个限定的准备期,评价便不可能每时每刻以均匀的速度递减,因为这就意味着每个行为人将某些价值(尽管极其微小)置于未来百万年、千万年乃至更多年发生的满足之上。

在借贷市场,以年为基础对利率报价是经常发生的。但仅仅一个惯例并不意味着人们会根据时间久远的情况考虑未来事件。倾斜的"收益曲线"——不同期限借贷的年回报率——表明人们不按这样的均匀模式贴现。

要点诠释

本章相对简短,阐释了主观时序偏好(第十八章)和米塞斯商业周期理论(第二十章)的联系。在本章中,米塞斯解释了未来物品的贴现导致了本源利息。对于主流经济学家来说,本章大概是最不正统的观点之一,因为米塞斯强调了标准教材分析方法与他的利息理论的区别所在。尤其是,米塞斯主张资本主义的生产力绝非利息产生的"原因"。

知识点拓展

(1)在米塞斯写道(第658页):"本源利息是近期的需求满足相对于未来的需求满足在人们心目中的价值比。"

严格来说，这是不对的。正如米塞斯自己在前面章节所解释的，一个人不能对主观价值采取数学运算。米塞斯的意思是，主观时序偏好引导人们较高地评价现在的物品，较低地评价未来的物品，然后引起现在商品的客观市价要高于未来商品的客观市价。这些价格比率就是本源利率。假如一台电视的价格是110美元，而一年内同一台电视现在的价格仅为100美元，这个隐含利率就是10%。一个有着100美元的投资者，今天买入这样一个要求权，在等待一年后（假设条件不变），以110美元售出他对一台当前电视的到期要求权。这个投资者明显赚得10%的金钱，而该可能性源于这个事实：相比等候12个月获取一台电视的要求权，人们愿意为现在的电视支付更多。因此，主观时序偏好对于正利率来说是必要的和充分的。

（2）米塞斯提到庞巴维克和大多数现代经济学家对于利息共享的了解（第660—662页）。主流观点用延长生产过程的更高生产力来解释利息。例如，假定某个人要将清水从溪流中带回小屋，一个最直接和迅捷之法是用他的手去取水。这个过程几乎能立刻将水取回小屋，但每小时劳动获得的水量微乎其微。假如这个人愿意推迟这个目标的实现，通过采取一个更"迂回"或"间接"的步骤，他就能极大地提高自己的劳动生产力。例如，不是将手合拢成杯状在溪流和小屋之间往返奔波，而是花时间寻找一个椰子，并将其掏空。这会延迟起初几滴水到达小屋的时间，然而（一旦资本财完成）这会极大地缩短随后用于取水的时间。最后，假如此人愿意在达成最终目标前等候一个月，他可以首先制造锄子、铲子等工具，开凿一条从溪流通往小屋的水沟。这个例子显示了通过延长生产过程，他可以增加每日劳动投入所能带给小屋的水量。

（3）米塞斯解释了契约利率，它不仅包含纯时序偏好，也包含企业家因素（第667—670页）。学习现代金融理论的学生也许很难理解这一陈述。当一家银行对一名信用史不佳的借款人收取更高的利率时，大多数分析家会说，这是因为牵涉更高的风险；然而米塞斯（似乎）会说，假如贷款被清偿，更高的回报便反映了贷款人优越的判断，在其他贷款人不批准时，他预测到借款人会偿还贷款。只有考虑到精算风险相对的不确定性，或者米塞斯所说的类的或然率相对个案的或然性的这别（第 130—135 页），这些微妙之处才能被彻底解决。假如一家银行向各借款人发放了数以万计的相似贷款，每笔贷款收取一个利率，这种整个组合（包括违约）的回报率等于特别安全的国债投资组合的整体回报，那么米塞斯也许不会说银行在恰巧清偿全部个人贷款上赚得了企业家利润，而是在那些以违约而告终的贷款上遭受了数量相当的企业家亏损。更确切地，他也许会说，个人贷款池以及契约高利率的承担消除了这种量化风险，因此高利率不反映某种企业家因素。一位"奥派"经济学家似乎会主张，火灾保险年费（对于当年未焚毁的房屋而言）不反映保险商所赚取的纯利润。然而，在这里，假如不同保险商对某些房屋焚毁的可能性看法不一致，那么有些保险商收取的年费就的确反映了企业家的利润。

习　题

第一节　利　息

- 本源利息的定义是什么？
- 生产要素的功用是否解释了对它们的投资者所赚取的利息？为什么？

第二节　本源利息

- 本源利息在市场经济体系中是怎样显现的？
- 为什么本源利息在一个非常原始的情况下也会存在？本源利息的概

念在一个计划经济国度中是否有效？
- 考虑到生产过程的技术进步，稀缺性意味着什么？
- 单纯的储蓄和资本家的储蓄的定义是什么？
- 熊彼特所描述的静态系统有什么基本缺陷？

评论："如果抹去了作为利息收入者的资本家的角色，那就等于以作为资本消费者的资本家取而代之。"
- 利息可以通过法律废除吗？利息的支付可以通过法律废除吗？

第三节 利率的高低

评论："本源利率和储蓄数量的变动——在其他条件，尤其是制度相同的情况下——是同一现象的两个方面。"

第四节 变动经济中的本源利息

- 什么是英国古典意义上的"利润"？现代人的理解是什么？

第五节 利息的计算

- 为什么企业家的活动倾向于建立一致的本源利率？
- 如果发行一种固定契约利率债券，假定债券期限内情况发生变化，以致人们现在对于未来的预期大打折扣，那么将会发生什么？

第二十章　利息、信用扩张及商业周期

本章概要

第一节　问　题

中立利率是假想的单一本源利率——消费财相对于生产要素的价差率，只存在于均匀轮转经济的想象构建中。在现实世界里，不同生产部门隐含的利率也不同，因为人无法完美预测未来。

谨记货币是非中性的，货币供应量的增加不会均匀地提高所有价格。这个货币驱动力会影响到本源利率，这意味着新货币的注入会再分配财富，以致（新的）未来物品的贴现率不同于货币注入之前的贴现率。然而，除此之外，新注入的货币在通过借贷市场进入经济体系后，会发生一种特定的干扰。这个信用扩张是贸易周期，或者今天所称的商业周期的缘由。

第二节　市场毛利率中的企业家因素

借贷契约上实际毛利率所反映的不仅包括纯粹本源利率（源于时序偏好），也包括了一个反映贷款人对于未来状况的预测的企业家因素。不存在真正安全的投资这种事。在某种意义上，贷款人是借款企业家的合伙人。

第三节　市场毛利率中的价格贴水

假如货币中立，那么只要没有延迟付款，我们就可以构想一个中立利率。没有延迟付款——没有贷款或其他契约规定的特定金额在未来时日的偿付，任何现金导致的货币购买力变动会同等地影响一切生产部门。为了售出面包而买入小麦的企业家所赚取的毛利率，与为了售出美酒而买入葡萄的企业家的毛利率是一样的，因为（假设货币中立）任何价格上的突然变动，会同时并同等影响一切商品。

然而，假如允许借贷契约的偿付延迟，那么要实现一个中立利率，我们就必须不仅仅依靠货币中立的假设，还必须进一步假定以下其中一：（1）借贷本金依据中立货币在商品价格上已产生的（一致）增减而调整；（2）借贷本金不调整，但利率依据正或负的"价格贴水"调整，以反映价格的涨跌。假如我们（不真实地）假设一个中立货币，然后补充两个附加条件之一，那么我们也能够构想出一个中立利率。

当然，在真实的世界中，货币不可能是中立的，它本身有着驱动力。贷款人和借款人理所当然会尽可能地去预测购买力变动。假如人们普遍预测价格上涨，市场毛利率就会提高。然而，因为额外货币数量以不可预测的模式影响了特定价格，采用正或负的价格贴水便无法产生中立利率。

第四节　借贷市场

在任何时候，不同部门的价格结构中都隐含着不同的毛利率。因为人们在对未来的预测中会犯错，而某一部门的企业家会比其他部门企业家赚取更高的回报率。市场过程倾向于拉平不同部门的净利率（排除企业家及价格贴水的毛利率成分），使它们都趋同于本源利率，而本源利率源于人们对未来物品的主观贴现。然而，这个均等化永远无法实现，因为这个过程会产生新的变化，这些变化实际上改变了目标。

正如前面章节所证明的，市场价格允许企业家进行经济计算。相对于那些遭受亏损的企业家，善于利用稀缺生产资料满足顾客的某些企业家能够获得利润。在这一背景下，市场利率的关键作用就是协调生产过程。正因为时序偏好的存在，利用特定资源能否在下周带来满足，或者耗尽了投入资金的企业家是否在几十年内仍难以提供消费财，这些情况对于顾客是有差别的。

正是市场利率，更准确地说，是不同借贷类型的不同利率引导企业家启动生产过程。这些生产过程所正确反映的不仅包括顾客的耐心，也包括先前储蓄形成的可用资本财供给。假如人们降低他们的时序偏好——假如他们削减未来物品的折扣，那么他们将会增加储蓄，利率也会随之下降。在较低利率水平上，企业家将会发现特定项目现在是盈利的，他们将改变生产结构，吸收额外储蓄。将来最终获得消费财时，人们在物质上就会更加富足，反映在这个过程之初增加储蓄者赚取的更高收入之上。这个繁荣是完全可持续的，并且反映在一个资本主义社会的普遍进步上。

然而，假如由于货币供应量的变动，市场毛利率被扭曲，这个关键指标就会误导企业家。尤其是，倘若新发行的货币首先通过借贷市场进入经济体系，那么毛利率将会下降，并鼓励企业家扩张经营活动。这是他们犯下的一个错误，因为人们的时序偏好尚未改变，他们未曾增加相应的储蓄，繁荣的降临将成为过眼云烟，兴旺发达不过是虚幻的景象。

第五节　货币关系变动对本源利息的影响

货币供应上的变动会产生"真实"效果，尤其是能够影响本源利率。许多学者关注被称为强制储蓄的特定可能性，即新货币的注入将收入从疏于储蓄的一部分人再分配到有储蓄习惯的那些人手中。因此，这些学者宣称扩张货币供应量会产生额外的"真实"储蓄和资本积累的有益结果。

这个观点有很多不足。首先，它不是行为学法则，仅仅是可能的历史规律。其次，它忽视了通货膨胀会导致资本消费的倾向。人们被价格的上涨所愚弄，以为他们比原先更富有，并因此不恰当地增加消费。这个幻觉只是暂时的，因为更多资源被投入当前物品的生产，而非维持资本存量。这种状况可以比喻成农夫为了一顿大餐屠宰了最后的鸡群，煎熟了所有的鸡蛋，因为他误以为在他的养鸡场中还有很多鸡和鸡蛋。

第六节　通货膨胀和信用扩张影响下的市场毛利率

尽管长期来说，额外货币注入经济体系也许会提高毛利率，但毫无疑问的是，假如新发行的货币最早冲击的是借贷市场就会降低利率。这当然是政府出于政治考虑而采取的步骤，即希望降低利率并且创造一个经济暴涨的氛围。

如果新发行的货币并未持续不断（以及日积月累）地注入借贷市场，经济暴涨将会戛然而止。一旦这个干扰停止，价格也会随之调整，企业家就会意识到曾经的计划过于自负。另外，假如银行向借贷市场持续供应越来越多的信用媒介（无准备货币），那么毛利率将维持在低于本源利率和适当价格贴水的相应水平。只要信用注入源源不断，暴涨一旦开始就会自我哺育。投入品价格的上涨未被视作警讯，因为消费财的价格也在上涨，并且拥有廉价贷款的项目仍表现出盈利性。

通常来说，政府与银行在某个点上将停止信用扩张，继而是衰退或萧条。然而，即使他们将谨慎抛诸脑后，继续向借贷市场注入越来越多的信用，这个暴涨也不可能永远持续。毕竟，印刷新纸不会创造额外的资本财。假如企业家企图改变生产结构，而人们却不曾减少消费以释放资源，那么至少某些企业家会不等完工就放弃运营。考虑到技术和可利用的资源，这些项目从物质角度讲是无法被全部完成的。某些企业将会倒闭，它们会解雇工人并且出售存货。

将这个对商业周期的解释称作"过度投资"理论是一个常犯的错误。然而实际上，这是一个"错误投资"理论。导致暴涨的信用扩张没有创造出额外的资本财，因而问题不在于过多的投资。确切地说，是企业家不恰当地利用了可用资源，这样某些已经启动的生产过程在将来就不得不中断。受人为低利率的误导，企业家表现得如同一个为房屋打过深的地基的建筑师，因为其下属错误地告知他可运用的材料的数量，如有多少砖头等。

另一个典型错误是将信用扩张政策与上涨价格等同起来。然而，这绝非必然。在自由市场经济中，产品和服务的产出逐年增长，并伴随着价格下跌的趋势。在这个背景下，信用扩张只是延缓了这一趋势，这样的话，实际价格将保持得十分稳定。这就是20世纪20年代美国所发生的一幕，当时传统价格指数显示的是"中立"货币政策，但实际上大规模衰退的种子已经埋下。

同样地，衰退期的"贫穷"也是相对的。或许比起暴涨前，"萧条"阶段的人均收入比较高，但这不表明信用扩张有所裨益：假如没有"繁荣—萧条"周期的发生，那么人们将会变得更加富裕。

据说在极权政府的管理下没有经济衰退

市场经济的批评者声称商业周期是资本主义的自然产物。这个主张是错的，因为（正如本章所证明的）只有政府支持的信用扩张才会引起暴涨并伴随着必然的衰退。在某种意义上，批评者是正确的，在独裁者全盘安排经济事务之处，社会中没有萧条这样的事物。他可以命令所有体格健全的工人每天到某家工厂报到，这就必然没有"闲置失业"的自然资源或资本资源。然而，这种现象只是因为独裁者缺少成功或失败的晴雨表。在市场经济中，萧条期表示生产结构必须调整才能更好地满足消费者愿望。假如没有这个目标，调整就永无必要。

第七节　通货紧缩和信用收缩影响下的市场毛利率

分析相反过程也是可能的。在这个过程中，政府或银行通过从借贷市场上抽走货币，人为地减少了货币存量。假如一国政府想要提高本币的购买力（也许是为恢复本币与通胀发生之前广为流通之贵重物品的旧时平价），它也许会向公众发行债券，并且随之销毁筹集的资金。它在两个方面与信用扩张相反，如暂时提高毛利率（因为政府将从需求端进入借贷市场），并且倾向于降低价格（因为减少了一部分货币供应）。

通缩型信用收缩的问题不像通胀型信用扩张那么严重。一方面，它在政治上不受欢迎，政府通常不采取这样的政策。另一方面，信用收缩没有持久的不良作用，它也许会暂时干扰借贷乃至生产，而一旦干扰停止，商业状态就会一如往常。而通胀型信用扩张则不是这样，因为在暴涨时期，资本结构被物质性的消耗吞噬了。真实储蓄和投资必须修复生产结构才能延续"商业常态"。

信用扩张和单纯的通货膨胀之间的差异

在某些情况下，政府利用引发信用扩张的相关工具作为单纯膨胀通货的捷径。例如，政府可能向中央银行售出债券，而央行要创造额外储备来购买债券。这个操作就本身而言不会启动商业周期，因为它不过是政府制造新货币以弥补预算赤字的迂回（隐蔽）方式。

第八节　货币商业周期理论或循环信用商业周期理论

英国通货学派提供了商业周期货币理论，但有两个错误。首先，他们以为只有新货币的注入才会引起暴涨。然而实际上，活期存款也有着同样的效果。其次且更重要的是，通货学派只分析了一国银行部门扩张膨胀，而其他国家银行都保持自律条件下的周期。他们受这个观点的误导，将问题归结为信用扩张国储备的消耗，从而完全忽视了市场利率偏离本源利率这个关键问题。

在一个以实物货币为基础的自由市场上，从理论上说，黄金在一开始会冲击借贷市场并引起"繁荣—萧条"周期。然而，有两个理由说明这种可能性与政府主导的无准备媒介的信用扩张相比是无关紧要的。首先，没有理由认为新黄金完全通过借贷部门进入经济体系。其次也更为关键的是，挖掘新黄金或其他物品要占用真实资源。比较而言，法定货币扩张需要的只是印刷钞票或对货币储备的电子记录。在这种情况下，新货币冲击借贷市场以及篡改利率的危险性便更大。

第九节　受商业周期反复影响的市场经济

尽管繁荣期百业兴旺，衰退期令人悲叹，然而实际情况却完全相反。恰恰是在繁荣期，资源被错误投资并且造成了浪费，而衰退期（经济萧条）则成为使情况尽可能好转的必要调整阶段。

未获利用的生产要素在经济暴涨初期所扮演的角色

在经济暴涨期开始时，失业劳动力返回工作岗位，闲置工厂开始运营，信用扩张的好处看似特别明显。让这些闲置要素恢复工作并为消费者生产商品肯定有其意义，然而问题在于，这些闲置要素曾是上一次经济暴涨的遗毒。

尽管某些非特殊生产要素在调整期（萧条期）会被释放到替代性用途中，其他要素——某些工人、工厂和存货——必然闲置，而它们的所有者试图将它们融入调整过的生产结构中。鉴于更早的计划已经失败（由于错误的利率），因此闲置资源所有者必须接受它们目前的状态，并尽可能地发挥它们的作用。在所有者将其价格降至当前的适当水平之前，他们很难在新环境下找到购买者。要将这些资源妥善地重置到能够满足消费者的生产部门，这个艰难历程就是必要的。在艰难的调整过程中，假如新的通胀型信用扩张启动，那么这些闲置资源将重返先前的部门。然而，这绝不是在解决问题，相反只是延长了肇始于上一次经济暴涨期的错误投资。

非货币的商业周期理论之谬误

即使依靠"真实"因素的"繁荣—衰退"理论，也必须假定存在信用扩张才能自圆其说。因此，大家都承认通胀型信用扩张对于"繁荣—衰退"是必要的，尽管某些人仍然否认它是充分的。

商业周期的关键特征是人们存在普遍的预测错误。市场经济中总是会有失误的企业家，但盈亏体系倾向于淘汰未从过去吸取教训者，并且奖励最出众的预测者。任何基于非货币因素的特定商业周期理论都必须解释清楚——尽管学者已为这个主题撰书立著——为什么置身其中的企业家却不能注意到这个模式。

要点诠释

这一章简明扼要地展示了米塞斯的贸易周期理论,或现在所称的商业周期、"繁荣—衰退"周期。与流行的经济原则相反,商业周期绝不是自由市场经济所固有的,而是由政府对借贷市场的干预引起的。无准备货币的注入压低了利率,阻止了它们调节生产过程的时间。在领会本章的意图之后,读者就会明白商业周期的原因以及什么样的政策才能阻止它的反复发生。

知识点拓展

(1)米塞斯针对一些学者分析利率时间序列的缺陷,提出了一个微妙但极好的见解(第681—684页)。他写道:"在把某些初级商品的价格按时间排成数列时,经验主义至少还有一个表面时,即它所处理的价格数据指向相同的物理对象。其实,这是一个虚假的借口,因为价格和商品不变的物理性质无关,而同行为人所赋予物品的变化着的价值相关。但是,在研究利率的场合,甚至连这个蹩脚的借口也不允许提出。"

米塞斯的洞见是:假如一位计量经济学家收集了从1990年至2000年的每日油价,而另一位计量经济学家研究同一时期的每日基本利率,则后一种情况更依赖先验理论,其收集的数据更接近于原始数据。要辨别一桶油是否符合特定规格是相当客观的,一个人不需要掌握油价理论也可以做到。但是,为了将某一特定事件归类为向信誉良好的借款人放贷——从而将其纳入"最优惠利率"系列——人们必须已经了解贷款市场上人的动机。

(2)米塞斯评论了信用扩张机制有时被用于单纯的货币供应膨

胀，在这个过程中，政府主导了用于购买商品和服务的新纸币的发行（税收收入不足以购买）（第711页）。有人也许好奇，为什么银行发行信用媒介（用于购买公债所需）不会降低利率。答案是这个信用供应的增长恰恰被政府需求所抵消。现在来看，真相就是综合作用下的市场利率低于原有水平。政府无论在何种情况下发行债券——排除货币发行，本应该推动利率上升才对。但米塞斯似乎在说，这个过程（银行发行新的信用购买公债）在经济学意义上等于是政府单纯印刷钞票弥补赤字。毫无疑问，后一过程不会有"繁荣—衰退"周期，而只会引起横贯整个经济体系的波浪式价格上涨。一个有趣的事实是，在第一种情况下政府财政向银行部门发行债券，在本年度赤字被弥补后，这些债券依然存在，财政最终必须用税收收入或额外创造货币来兑现它们。在政府印刷钞票的情况下没有长期负债，因此，米塞斯并未阐述清楚，这两种操作在所有情形下是否真的一样。

（3）米塞斯的理论是"唯一曾被提出来反对这个循环信用理论的理由"（第715—718页）。然而，近几十年来，反对米塞斯商业周期理论的最常见理由是，他的理论假定商人没有能力吸取教训——讽刺的是，米塞斯曾将同样的理由用于指责其他商业周期理论（第729页）。尤其是，支持某种"理智预期"理论版本的现代经济学家质问"奥派"学者：“为什么工商业界不能意识到毛利率是错的？为什么企业家们会机械地使用这个利率用以计算收益，而不是研究货币政策以后的调整计算？"现代奥地利学派学者给出了若干答案。首先，对于商人来说，要完美地计算新的货币注入将带来的影响是不可能的，这正是米塞斯关于货币驱动力的精华所在。事实上，批评者似乎在问，为什么企业家不会用本源利率来进行计算，此时的关键之处在于，他们需要市场告诉他们利率是多少。其次，对于这种情况存在一种"囚徒困境"。假如实际上该国政府愿意拿出100美元分发给任何愿意接受这笔钱的企业家，这又怎能不干扰生产要素市场呢？即使人人意识到不可持续的繁荣正在上演，他们依然不得不参与进来。

习　题

第一节　问　题
- 中立利率的定义是什么？
- 货币毛利率的定义是什么？

第二节　市场毛利率中的企业家因素
- 企业家成分是怎样在各类贷款中表现出来的？

第三节　市场毛利率中的价格贴水
- 促进者的投机活动是如何影响到市场毛利率的？
- 为什么价格贴水无法使得利率中立？
- 价格贴水是怎样出现的？

第四节　借贷市场
- 关于商业计划，利率起到了什么作用？
- 货币供应是怎样影响市场利率的？它是怎样影响本源利率的？

第五节　货币关系变动对本源利息的影响
- 强制储蓄对于本源利息的影响是什么？
- 通货膨胀为何会产生假想的或表面的利润现象？

第六节　通货膨胀和信用扩张影响下的市场毛利率

- 1923 年秋季，德国国家银行 90% 的贴现率是怎样发生的？
- 信用扩张以什么样的方式制造经济暴涨？经济暴涨是可持续的吗？为什么？
- 物价的普遍上涨是如何发生的？
- 信用扩张所导致的人力暴涨与涉及资本财的生产正常扩张之间存在什么区别？
- 如果你想知道是否存在信用扩张，应该注意什么？
- 为什么信用扩张会导致错误投资？
- 为什么强调错误投资与过度投资的区别很重要？
- 为什么在信用扩张时期，商品价格并不必然上升？

第七节　通货紧缩和信用收缩影响下的市场毛利率

- 通货紧缩和信用收缩的必然后果是什么？

第八节　货币商业周期理论或循环信用商业周期理论

- 据米塞斯所说，英国通货学派的两个缺点是什么？
- 黄金的流入可以造成信用扩张吗？

第九节　受商业周期反复影响的市场经济

- 为什么在变动的经济中总有一些未卖掉的存货？
- 能以未被利用的生产力为由主张信用扩张吗？
- 存在商业周期的非货币解释吗？

第二十一章　工作与工资

本章概要

第一节　内向型劳动与外向型劳动

一个人克服劳动的负效用——这就如同说他愿意舍弃闲暇的快乐——可能有以下几种理由：

（1）他为了增强体魄和训练思维而工作，如举重或研究深奥的课题。

（2）他出于对神的责任而忍受劳动的负效用［与（4）不同，这种虔诚服务的奖赏只有在死后才能得到］。

（3）他为了避开更大的伤害而工作。例如，修剪草坪可以让他从分手的痛苦中转移思绪，以免借酒浇愁。

（4）他之所以工作，是因为与牺牲的闲暇相比，他对劳动成果的主观评价更高。

在以上动机中，前三点为内向型劳动的例子。在这些例子中，劳动的负效用是体验的一个必要组成部分（假如某人动用直升机，他就会失去登山的乐趣）。只有（4）是外向型劳动，可以单独被经济学家所研究。在经济学理论的意义上，内向型劳动实际被当作消费来处理。在某些情况下，人们为自己而劳动的结果也会产生可售商品，这当然会影响市场价格。

第二节 劳动的趣味和乏味

在外向型劳动中（某些人寻求劳动的成果，并视劳动本身为一种苦恼），趣味与乏味相伴。劳动的趣味有以下来源：

（1）对劳动最后成果的预期。它包括了作为社会自力更生成员的自尊。

（2）劳动者享受其创造的物品的美感享受，并为自己亲手所造之物感到骄傲。

（3）在任务完成后，劳动者因为不再忍受辛苦而感到喜悦。

（4）特定职业吸引着有特殊嗜好的人，如虐待狂把担任监狱看守当作享受。

劳动的趣味与乏味是一种心理体验，不影响劳动的负效用，因而不会改变市场提供的各类劳动的数量。然而，不论在何种情况下，工人依然会将等量的工作时间出售给雇主，但假如他们将自己视作良性分工组合中的一员，那么他们肯定会更加快乐。与此相反，假如计划经济者或者工会的宣传让他们相信自己不过是任由贪婪的资本家呼来唤去的苦力，那么他们将沮丧痛苦。

第三节 工　　资

当某人直接将劳动出售给他人时，付给他的价格叫作工资。

尽管劳动的卖方所考虑的是劳动的负效用，但买方纯粹根据劳动的生产力和对自身目标的益处对劳动进行评价。在这个意义上，劳动被看作商品。不存在一个一般的劳动力市场，存在的是有许多不同属性的劳动力市场。即便如此，所有的劳动力市场都有内在联系，这是因为某个生产部门的需求增长，将从相关生产部门中吸引合适的工人，这会波及别的生产部门，直至最后，所有工人都被新的外生给定条件影响。

企业家像评价其他生产要素一样评价劳动，他想尽可能地少付工资，但必然遭遇其他企业家对稀缺劳动投入的竞争。他预期由于额外雇用劳动力，因而提供给顾客的商品销售增加，从而能够获取更高的收入，他愿意根据收入的增加付出相应的薪酬。这就是经济学家所说的，工资率是由劳动边际生产力决定的。假如某位雇主支付的薪酬超出这个工资率，他就会赔钱直至破产。假如某位雇主吝啬薪酬，那么他的工人最终会被提供高薪（尽管仍然低于工人的边际生产力）的竞争企业挖走。

批判资本主义的典型理由是，雇主拥有巨大的谈判优势，因为若工人不接受任何雇主开出的薪水，他将会挨饿。假如现有雇主全部赞同缩减工资，那么这将提供给新企业家巨大的利润空间。他们将进入劳动市场，以稍高一些的报酬雇用工人。只有制度性的进入障碍（通常来自政府），才会让雇主压低工人的薪酬。

第四节 交换性失业

尽管社会宣传与之相反，但当工人认为工作所带来的好处少于所享乐趣时，他们可能会选择保持失业状态。在一个纯粹的、自由的市场中，总会有某些正在求职的工人选择待业，只为等待更好的发展机会。这个自愿状况是市场产生的，或称交换性失业。做出这样的决定有三种动机：

（1）个人预期在他所偏好的职业中能很快找到一份报酬合适的工作，在这种情况下，搬家或换工作便不是好的选择。

（2）个人在一家季节性行业中工作，而现在的生活则依靠需求旺季所节省下来的储蓄。

（3）个人无法接受企业提供的职位，因为这一职位有违关于哪种工作比较体面和哪种工作有失身份的宗教、伦理或社会观点。

自由市场中的最终工资率，即在这个给定的工资水平下，所有求职者都能获得工作，所有雇主也都能找到工人，正是这个价格使得劳动力市场实现供求平衡。在这种意义上，任何人都可以在开放的市场中获得一份工作。在某种程度上，失业是一种自愿的结果，潜在的工人不认为付给他们的薪酬足以补偿劳动的负效用。

正是凭借工资率可变动这个机制，消费者权力至上原则才能指引劳动市场。工人可自由选择从事何种职业，但消费者的愿望必定以某种方式影响着工人的决定。当消费者需求从一种商品转移到另一种商品时，前一部门的薪酬最终会降低，后一部门的薪酬将会提高。这个促进工人在各部门间流动的激励措施被视为一种"强制"，但唯一的替代性选择是由政府决定应将多少工人分配到各产业。

第五节　毛工资率和净工资率

雇主最终考虑的是工人的毛工资，包括所有福利（如养老金、停车位等)。因此,假如政府命令每个雇主支付一笔特别的社会保障款,这个负担会完全落在工人实领的工资上。周工作时间的立法政策不会让雇主在雇用工人时支付超出工人边际生产力的工资。

第六节 工资与最低生活费

古典经济学家受错误价值理论的误导,将工资率解释为由维持工人最低生活水平的生活费所决定的。换言之,人口增长将持续到工资水平允许工人购买的食物及商品刚好仅能帮助身体维持当下的工作。该理论尚有其他不足,即"工资铁律"是明显错误的,因为在资本主义制度下,一般工人的生活水平在持续提高。后世的思想家接受这样的法则,即工人的薪酬被无情的雇主一直压低到"社会可接受的"最低水平,仅比维持最低生存的费用高一点。然而,这样一种历史研究方法将工资视为外部给定因素,并且避开了完整解释市场价格(包括工资)的经济学理论任务。

工资率历史决定论和(货币购买力)回归定理的比较

在某种意义上,回归定理通过货币商品交换率的历史事实解释货币当前的购买力,过去,它要么是直接可用的商品,要么能被直接用于兑换商品(在法币条件下)。即便如此,货币价格主观理论所依赖的仍是个体对今天的现金余额所做的价值评估。相比之下,普鲁士历史学者的解释意味着现代工资率直接由历史先例决定;而消费者和工人的当前价值评估则不被纳入解释。例如,法国的工资率比中国的工资率高,这是因为它们一向如此，而并不是因为法国的工人更具生产力。

第七节　劳动负效用影响下的劳动供给

孤立的个体显然要一直工作，直到他在更进一步工作后所产生的效益能被它的负效用所抵消的那个点。然而，在一个庞大的市场经济体系中，工人遵循着同样的规则。诚然，任何工人都必须遵守雇主所设立的标准，但这些标准本身是雇主和工人相互作用的结果，正如个体必须遵守列车时刻表，但时刻表本身是为了协调顾客的愿望而制定的。

在资本主义制度下，资本积累比人口增长更加迅速，导致工人的边际产品不断增多。这个真实工资率的增长让工人以给定数量的劳动购买更多商品和服务。他的财富增长允许他享受更多闲暇，这也意味着比起先辈所选择的劳动时间，他可以工作更短时间。政府和工会强制实施的"保护劳工"改革，并不是19世纪和20世纪大部分工人的生活条件得以改善的原因。这些改革措施要么将无论如何都会发生的变化（如童工的消失）制定成法律，要么通过违法的雇佣契约来损害工人的利益，而这些契约的限制条款原本应该是工人自愿同意的。

对工业革命的流行性诠释

将工业革命前的农耕生活方式浪漫化是司空见惯的。根据这一广为流传的神话，农夫无忧无虑地耕作，妇女细心照料孩子。后来，贪婪成性的资本家兴建了对健康有害的工厂，将绝望的男人以及妇女、儿童填满工厂，让他们工作至死。直至政府和工会"保护劳工"的改革结束了这种可怕的剥削，才实现了西方人民今天所享受的更高生活水平。

这个传说纯属无稽之谈。资本家没有权力强迫工人进入他们的工厂工作。工人之所以这样做，是因为他们认为在工厂工作好于沿街乞讨、沦为罪犯或落入风尘。新资本主义制度所开启的工厂体系，其效率远胜于中世纪行会及庄园制度，它允许人口迅速增长。数以百万计的人实际上要将他们的生命归功于现代资本主义。19世纪的工作条件诚然比现在更加艰苦，但正是因为资本积累提高了劳动生产力才使这种改善成为可能。显然，我们只需探究工厂的工人为谁辛苦忙碌，剥削学说就能被粉碎。大量的生产是随着为大众制造商品而出现的，贵族阶层不可能购买工厂的全部产出。

第八节　市场起伏变迁影响下的工资率

工人有无法改变的与生俱来的技能和资质。市场基本情况的变动会影响某些技能相对于其他技能的工资率。在这个影响程度下，工人受益或受损仅仅是运气使然，就如同地主受益或受损是基于他无法控制的新建铁路一样。

工人也会通过教育、培训及其他技术投资于他的技能，在这方面他是一个投资者。他希望直接的货币开支，加上培训期放弃的闲暇及其他机会，为其因劳动技能提高所能要求的更高工资所补偿。

一般说来，市场不可预料的兴衰影响的是雇主的利润率，而非雇员的工资。当然，一旦新的外生给定条件出现，它们也许会对工人未来的边际产品的估价产生影响，并因此影响这个工人的工资。

第九节　劳动市场

尽管有些学者的宣传与之相反，但工资率总是等于"劳动的全部产品"的价格。工人无法集体买下"全部产品"，纯粹是因为用于制造产品的投入不只是劳动。

尽管经济学理论将工人作为劳动出售方进行分析，但在真实的世界中工人同时也是消费者。因此，他也许会出于"非经济"理由待在某个城市，尽管其他城市拥有更高的工资率。若没有移民的制度障碍，那么全世界的工资率将倾向于"同工同酬"，但它们因为以下事实不会完全相等，例如，一个医生愿意以低于艾克朗市的生活水平在曼哈顿市工作，只是因为他喜欢做纽约人的感觉。

动物和奴隶的工作

正因为动物无法参加真正的社会合作，所以人们将动物视为满足自身目的的手段。但由于分工产生了更高的生产力，因此人的情况完全不同。只有依靠制度性保护，奴隶制才能苟存。假如一个主人待他人有如牲畜，那他所期望的也只能是牲畜一样的表现。并非道德说教或利他主义，而是由于资本主义席卷了西方世界和自由劳动力的竞争终结了奴隶制和农奴制。

要点诠释

本章中，米塞斯解释了劳动的供给和需求，以及市场工资率的运作原理。在这一点上，他的分析是常规性的，并不独具奥地利学派特色。然而，在他的历史观察中，米塞斯是非常规性的。他将一般工人的生活的改善归功于工业革命，并且解释了为什么他认为资本主义——该制度下劳动被当作商品一样买卖——给奴隶制带来了灭顶之灾。

知识点拓展

（1）与对创造性天才的评论（第167—169页）相仿，米塞斯在本章对劳动的趣味和乏味的探讨（第734—739页）脱离了更为常规性的劳动市场理论。尤其是他对第四类欲望（第736页）的评论易生混淆。从事清理垃圾工作的人数较少，当然可能是因为多数人对这份职业有厌恶感。诚然，这种厌恶感推高了工资水平，高工资抵消了这份职业所带来的污秽感。然而，说高工资完全抵消了这份职业的乏味则毫无理由，假如人们缺少嗅觉器官，也许会有更少人从事垃圾清理工作。那么，在米塞斯的框架中，这种厌恶的情形应被归为劳动负效用的一部分，而不是乏味。

（2）经济学家经常描述的均衡（最终）市场工资率的特征，即允许每个想要得到工作的人（在那份工资上）得到一份工作（第748页）。这是否意味着，职业篮球运动员薪水太高是因为数以百万计的年轻人乐意进入这个领域但又无法做到？显然不是。正确的答案是，不同劳动单位的购买者（雇主）根据主观价值评估必须将不同的劳动视作可互换的。假如某人试图用市价售出一蒲式耳[1]烂苹果，他找不到购买者，因为他的苹果不是真正值这个价位的同样的物品单位。他的意图落空并不表明市场上的苹果过剩。

---

[1] 1蒲式耳等于27.216公斤。——编者注

（3）米塞斯说，假设工人们"不在乎住在什么地方和在什么地方工作，那么……同一种工作的工资率在全世界任何地方便会趋于相等"（第780页）。读者不该误解这个说法。米塞斯不是说工资率的边际生产力理论接近正确。设想同等技能的汽车工人在底特律市比在奥兰多市赚得多，因为底特律的高犯罪率阻碍人们在这个地区生活。即便如此，底特律工厂主还是会根据工人对利润的贡献来雇用工人。假如底特律的工资率高于其他地区，这是因为可聘用的工人更少，从而增加了他们在底特律工厂的边际产品。

习　题

第一节　内向型劳动与外向型劳动
- 内向型劳动和外向型劳动的含义是什么？

第二节　劳动的趣味和乏味
- 为什么交换学只考察外向型劳动？
  评论："现代资本主义基本上是一个为大众需要而大量生产的体系。"
- 为什么理想无法影响劳动的负效用？
  评论："劳动的趣味和乏味都不可能影响市场上的劳动供应量。"

第三节　工　资
- 劳动和商品有什么共同之处？
- 工资率的水平是怎样决定的？怎样将其与商品市场价格的决定区别开来？
- 为什么亚当·斯密所说的雇主间的默契联盟无法将工资率降低到自由市场的竞争性市场水平之下？

- 劳动的稀缺性大于最主要的自然要素的稀缺性，对这个事实的强调为什么重要？
- 为什么工资率必然趋向于劳动的边际产品？

第四节　交换性失业
- 交换性失业的定义是什么？

    评论："在未受到干扰的市场里，失业永远是自愿的。"

第五节　毛工资率和净工资率
- 毛工资率的含义是什么？它在哪方面对于雇主而言是重要的？

第六节　工资与最低生活费
- 为什么"工资铁律"的概念对于交换学推理是无用的？
- 米塞斯反对普鲁士历史学派分析的理由是什么？
- 工会关于"实际工资率"的主张为什么是错误的？
- 工资率的最终决定因素是什么？

第七节　劳动负效用影响下的劳动供给
- 简述影响劳动供给的事实。
- 除了雇主，谁还能对工人施加社会压力？
- 什么是制度性失业？什么引起制度性失业？
- 资本主义是怎样缩短工人的工作时间的？闲暇时间和工作时间之间的比例是怎样变动的？
- 为什么社会保障费总是成为雇员而非雇主的负担？
- 据米塞斯所说，为什么自由放任的经济学家是近200年来空前的技术进步的排头兵？

第八节　市场起伏变迁影响下的工资率

- 先天禀赋和工资率之间的联系是什么？
- 未来的不确定性以何种方式影响雇员？

第九节　劳动市场

- 市场工资率的定义是什么？
- 为什么工人倾向于从相对人口过剩的地区迁徙到相对人口不足的地区？
- 奴隶为什么消失了？
- 为什么工人受制于消费者的最高主权？
- 被雇佣的人需要感激他的雇佣者吗？

第二十二章 非人力原始生产要素

本章概要

第一节 地租理论综述

李嘉图对地租的处理实际上与价格的边际效用分析十分类似。古典经济学家将"级差地租"这一概念仅仅运用于土地上，这纯粹是错误的。进一步说，古典的土地、劳动和资本三分法——分别赚取地租、工资和利润/利率——是站不住脚的。现代经济学理论尽管保留了这些分类，却运用单一理论框架去解释每种生产要素的价格。对李嘉图经济学来说，另一个主要障碍是整体分析法。李嘉图试图解释总产出在各类投入间的分配，而不是解释个别单位的价格决定因素（乃至卖方报酬的决定因素）。

第二节 土地利用中的时间因素

现代经济学保留了古典经济学派的分类，并且首次将原始生产手段与人造生产手段（如资本财）区分开来。原始生产手段被划分成人的生产手段（劳动力）和非人的生产手段，后者被称为"土地"，尽管这个词包含的不仅仅是土地，还有锡矿和金枪鱼等。

李嘉图提到土地具有"不可毁灭"的力量，但这和行为人无关。对非人生产要素的使用方式，既可以是保存其产出能力以供将来使用，也可以是牺牲明日产出以获得今朝物品的掠夺性开发。制度性因素会极大地影响人们如何对待有处置权的土地。

第三节　边际以下的土地

一块给定的土地只能产出一定量的服务，这就是为什么土地是经济物品，而不是一般环境条件。然而，可利用的土地数量是如此庞大，以至于在任何给定条件下可用于经营土地的劳动力和资本财的稀缺性成为一种有力的约束。这就是为什么人们只利用最富有生产力的土地，而不利用（李嘉图理论意义上）不产生地租的边际土地和根本不被开垦的边际以下的土地。劳动力或资本财的增长都将提高总产出。然而，土地的增加只有在属于耕作中边际土地肥力提高的情况下，才会改善人的物质福利。

第四节　作为立足空间的土地

某些土地必须从农业或其他"生产性"用途转移，才能用作住宅、办公楼、工厂等的地基。一个人必须为城市土地的使用支付高昂的价格，这意味着其他人对城市土地的竞争性使用。

第五节　土地的价格

在均匀轮转经济中,我们不考虑利率,一块地的价格将会等于将来地租的总和。当然,在真实的世界中,人们会做出不正确的预测。但对未来净收入的预测,无论这个收入是来自农业生产还是房屋租赁,都指导着他们对土地的估价。

土地的神话

浪漫主义者谴责经济学家和现代社会仅仅将土地视为生产要素,而非这片土地耕耘者那具有真善美的高尚源头。但真正的农民没有城市居民的观念,这些种地的人只知道土地是满足需求的手段并会采取相应的方式对待土地。

要点诠释

在本章中,米塞斯解释了土地租赁及销售价格的决定性因素。在这个问题上,他还解释了经济思想的演变。

知识点拓展

(1)本章评论了"公地悲剧"。在这种情况下,由于财产权利界定不明或缺乏保障,人们会过度利用资源(第802—804页)。

(2)米塞斯说过,"在许多国家,土地的所有人享有特殊的政治和法律特权或崇高的社会声望",而这样的"制度对于土地价格的形成也有一定的影响"(第802页)。这种对法律特权和社会声望的区分,听起来好像米塞斯接受了普鲁士历史学派根据习俗或社会概念来解释特定市场价格的方法。鉴于他在评论工资率（第755—757页）时对这种方法提出了尖锐的批评，显然米塞斯在这里面不是说，对于自由市场上地价的决定，情感有时胜过市场力量。他大概要表达的是，贵族愿意付出代价保留某块地盘作为猎场以款待宾客，而不是将其出售以建设商城。这个愿望提高了开发者对其他地块的支付价格。

习　　题

第一节　地租理论综述

- 为什么要用处理其他生产要素及服务的方式来处理土地及其提供的服务？
- 根据米塞斯的观点，李嘉图地租理论的最大优点是什么？

第二节　土地利用中的时间因素

- 对于土地利用而言，时间因素的重要性如何？
- 什么制度性条件会影响土地利用？
- 土地无法真正耗尽的观点与土地作为生产要素的解释相关吗？

第三节　边际以下的土地

- 什么是边际以下的土地的价值？
- 在什么条件下，土地的增加将会引起谷物供应的增加？

第四节　作为立足空间的土地

- 在可耕种的农田上建造住房是否是无效率的？

第五节 土地的价格

- 土地的价格是如何与其他生产要素价格相区别的?
- 什么要素能够影响土地价格?

第二十三章　市场的外生给定条件

本章概要

第一节　理论和外生给定条件

行为学理论是严谨的，只要其预设的条件存在，它就完全正确。行为学就其本身而言是处理人的行为的学科，它并不深入行为细节。在某个行为中的人的生理及心理特征，为适应环境形成的愿望及价值判断、原则、观念和理想，均为变动的外生给定条件。某种思维方式要掌握全部现实，必定不能只依赖行为学，它也要依赖历史了解，后者本身依靠的是其他的人类知识。

第二节　权力的作用

与他们的批评者相反，经济学家不假定人在形而上学意义上是"自由"的。正是稀缺性——人的满足受到外在限制的这一事实刺激了人的行为。从广义上讲，市场外生的给定条件包括理念和强制性措施对市场中人的行为所起的作用。行为学理论在这样的环境中依然是对的。

第三节　战争与征服的历史作用

交换学理论可用于任何具有生产资料私有制及劳动分工的场合。盗贼和杀人犯的存在不会消除交换学，而仅仅是影响市场价格的外生给定条件。从历史角度来看，不接纳"布尔乔亚"社会的那些征服者日渐式微。征服者需要依靠和平的企业家才能生存，而企业家则不需要征服者。

第四节　作为外生给定条件的真实的人

经济学所涉及的是真实的人和真实的行为。经济学不分析"经济人"的行为或统计平均人的行为。

第五节　调整期间

市场为了适应外生给定条件的变动而进行调整，但每次变动所发起的调整过程要耗费一定的时间。企业家的预测任务既包括调整方向，也包括市场随着新情况调整的程度。古典经济学家系统地研究政府干预措施先前未被察觉的长期后果。经济学不忽视短期结果。长期分析必须包含一种变动的即时反应。

第六节　财产权的界限以及外部成本与外部经济问题

现代说法中外部成本或"负外部"成本所反映的,不是私有财产的缺陷,而是法律体系的漏洞。从历史角度来看,政府制定法律是出于促进产业的欲望,特许污染者及其他人获得法律豁免权。

知识创造的外部经济

外部经济的一个极端的例子是"知识产权"。没有版权及专利法,作家的创作及投资者生产的产品很可能要少得多。然而,在这种情况下提出的财产权利,不在交换学的研究范围之内。

特权和准特权

对市场经济的法令限制如果不被贯彻,便不会受人尊重。假如某些公民免于某种限制,这就是特权;假如某些公民只是规避了这些法律,这就是准特权。这样的情形都会导致独占利益或差额地租。

要点诠释

在本章中,米塞斯解释了抽象的、先验为真的经济学理论是如何用于解释真实世界中的真实行为的。同时,他还针对常见的批评,为恰当的经济学理论(交换学)做出辩护。米塞斯对于外部性问题——这个现代经济学家为政府干预所做辩护的主要理由——也给予了简要回应。

知识点拓展

（1）米塞斯声称（第811页）："经济学处理真实人的真实行为。经济学的所有定理既不指涉理想的人，也不指涉完美的人；既不指涉所谓"经济人"（homo economicus）这种传说中的幽灵，也不指涉所谓平均人（homo moyen）这种统计概念。"米塞斯的意思是说，他构想的经济学从行为这个事实演绎推导的结论是真实的。很多经济学家一直在炮制市场行为的不真实模型，从而为某些反对"经济学"的理由做辩护。

（2）类似地，米塞斯否认经济学忽视短期后果，而只研究长期后果（第817—818页）。主流经济学家经常构建模型并进行"比较静态"分析，其中，只有长期均衡调整元素时会比较结果。

（3）米塞斯说，对产生外部经济（正外部性）的行为予以补贴的政府措施，将会降低消费者满足，因为引起的税收将会降低消费者在市场上的商品购买力，而这些商品在课以新税前是盈利的（第821—823页）。然而，主流经济学家会争论说，正因为正外部性，这种"盈利"是假的，将更多生产要素转移到补贴部门提升了消费者的满足感。

习　题

第一节　理论和外生给定条件

- 在哪种情况下，交换学的见解是有效的？

  评论："在这个世界上，没有只纯粹记录事实而完全不涉及理论这回事。"

第二节 权力的作用

- 历史学派认为是什么决定了市场现象?
- 在市场过程中,谁拥有真正的权力?

第三节 战争与征服的历史作用

评论:"交换学的论述不指涉任何特定的历史时期,它指涉的是所有以生产资料私有制和劳动分工这两个条件为基础的行为。"

- 对米塞斯本节的四个要点给予概述。

第四节 作为外生给定条件的真实的人

评论:"在科学研究中,除了'行为人在采取某个行为时想要达到某个最终目的'这个标准,再也没有什么别的标准能用来判断人的行为了。"

第五节 调整期间

- 试论"调整期间",我们该如何衡量它?
- 对于凯恩斯的名言"长期来看,我们都将作古",米塞斯有什么看法?

第六节 财产权的界限以及外部成本与外部经济问题

- 与所谓公地相关的问题是什么?
- 关于森林的际遇,美国与欧洲有什么不同?
- 米塞斯是支持还是反对专利和版权的政府特许?

第二十四章　利益的和谐与冲突

本章概要

第一节　市场上利润与亏损的最终来源

一人收益必有一人亏损,这是一种错误的看法。在市场经济体系中,那些想要赚取企业家利润的人必须凭优化生产以满足消费者的愿望。不是疾病的存在给医生带来收入,而是医生(被认为)有能力治病救人给医生带来收入。

买卖双方不存在冲突。假如这一刻卖方以亏损价格成交,那么他的亏损应归咎于早先的错误预测。如果在"亏损"价格下有一位购买者,他应该对此心怀感激。

第二节　生育节制

自然界的稀缺性意味着无情竞争。然而,对人来说,优越的劳动生产力逆转了这一生物学趋势。只要尚未达到最优人口,额外的双手总是能提高产出的平均水平,使人人更趋富足。深谙经济学的人,不将新移民视为稀缺资源之上的压力,而是把他们看作深化分工的机会。

马尔萨斯的人口法则是正确的,但马尔萨斯及其门徒却从中得出了错误结论。人们并非随着最低生活费的每一次增加而增加人口。因为人们有意识地节制生育是为了维持较高的生活水平,所以说是资本主义同时导致了出生率和死亡率的下降。在一个计划经济国家中,节制生育同样是必要的,只不过这样的决定是由当局做出的。

第三节　正确了解利益和谐

"正确了解"或"长期来看",所有人都有可能存在利益和谐。市场经济用交换学意义上的竞争(其实是合作)替代了生物学意义上的竞争。绝大多数人渴求食物和住所这个事实并不会在这些物品上制造冲突。随着经济规模的扩大,大量的生产反而降低了价格水平。

浪漫主义者为布尔乔亚文化的兴起和无忧无虑"自然状态"的消亡而悲鸣。但占压倒性的多数人喜欢现代资本主义的舒适生活,他们厌恶前工业时代的劳碌艰辛。在认识到分工的巨大物质优势后,人们意识到尊重私产以巩固社会联系的重要性。工人和资本家是盟友,而非敌人。

第四节　私有财产制

市场经济实质上是个人拥有生产资料的私产制度。交换学涉及的是对财产的实际控制,而不是法律形式上的控制。随着政府控制的不断扩张,现代政府已或多或少成功地将"私有财产"简化为一种形式意义上的用语。

诚然,所有现代产权都可以追溯到遥远过去的自由占有(无主自然物)或强行掠夺。但这无关紧要,因为市场经济中的消费者每天都在根据其愿望获得的满足程度来拔擢或贬斥财产主。

第五节 我们这个时代的冲突

人们常常将现代战争描述成"经济根源"的结果,尤其是"有"和"无"的对立。虽然这些看法没有太大的错误之处,但给这些冲突火上浇油的一向都是政府对市场经济的干预。自由主义终结战争的办法有赖于全世界政府对私有财产的尊重。倘若政府反其道而实施管制,阻碍对自然或其他资源的开发利用,这会给他国民众带来真正的苦难。在这样的情况下,要用国际组织或公约阻止武装冲突是徒劳无望的。

要点诠释

在本章中,米塞斯强调了市场经济的和平本质。人们学会视彼此合作而非相互威胁,这才是文明真正的基础。讽刺的是,引发国内甚至国际冲突的正是反自由主义政策。当人们相信一人收益必有一人亏损时,他们必然互相猜忌。

知识点拓展

（1）在自由社会中，只要付得起生育及其他相关费用，人们可以根据本人意愿生孩子。生育的"最优"数量的决定性因素和电视机的"最优"数量的决定性因素并无不同。该问题没有一个"技术性"答案，只能说这最终源于人的主观价值判断，并由市场价格来传达。然而，对于一定水平的技术知识和资本存量而言，某些固定数量的自然资源（包括土地）和分工通过以下方式相互影响，即工人数量的增长起初倾向于增加平均劳动生产力和工资，但在临界点后则导致平均生活水平的下降。这就是米塞斯在探讨"最适度"人口规模时所想到的（第831页）。

（2）在对计划经济的批判中，米塞斯对比了生产力论点和经济计算论点（第844—846页）。这证明米塞斯认为，若没有市场价格，从定性来看就会损失某些事物，这不仅仅是指，产出比起生产资料私有制下的应有水平减少了。

习　题

第一节　市场上利润与亏损的最终来源
- 什么是蒙田教条？
- 利润的最后来源是什么？亏损的来源是什么？

  评论："在市场经济里，买方和卖方之间没有真正的利益冲突。"

第二节　生育节制
- 米塞斯所说的"他们希望活得像个人样"是什么意思？

  评论："不管是斯拉夫的布尔什维克主义者和民族主义者，还是他们在印度、中国和日本的支持者都没意识到，他们的人民最需要的不是西方的科学技术，而是合理的社会秩序——正是后者孕育出了现代科技知识。他们欠缺的主要是经济自由、个人主动创新的精神、企业家和资本主义，但是，他们只希望得到工程师和各种机械。"

评论："没有哪个外来的侵略者能摧毁资本主义文明，除非它自我摧毁。"

第三节　正确了解利益和谐

- 米塞斯是怎样看待自然状态的？
- 人际冲突的根源是什么？
- 至少在米塞斯写作的年代，涉及批判资本主义的罗马天主教和盎格鲁天主教的官方社会哲学是什么？
- 作为所有计划经济和干预主义作家分析基础的两个主要错误是什么？

第四节　私有财产制

- 私有产权意味着什么？
- 市场经济中的所有者是如何被决定的？
- 私产制度在社会中的意义与在自给自足环境下的意义有相同的特点吗？

第五节　我们这个时代的冲突

- 据米塞斯所说，为什么在自由市场经济下不会发生内战和国际战争？
  评论："导致战争的原因不是国家主权本身，而是政府把持国家主权却没有完全忠于市场经济原则。"
- 为什么经济国有化与持久和平互不相容？

第二十五章 计划经济社会的构想

本章概要

第一节 计划经济理念的历史起源

在 18 世纪的社会哲学家奠定行为学的基础之前，学者们就拿国家、国民利益和个人自利心做比较。讽刺的是，构造至能至善君主这个幻影的，是古典自由主义作家。他们原本的目的是证明市场经济的自发性结果对社会有益——以仁君号令下的经济结果为对照。尽管如此，在他们的铺垫之下，一个维护正义的真实的计划经济政府呼之欲出。

从历史的角度来看，人们一直以来都在呼吁平均再分配财产，但现代工业的崛起使之不切实际。现在的呼吁，宁舍字面意义上的再分配，但求生产资料的"社会化"；宁由政府掌控全盘经济事务，而非再分配扣押财产。一旦思想家将无私和全能一并赋予政府，允许古老私有制的存在似乎就是野蛮落后的。

第二节 计划经济者的学说

同时代的大多数思想家相信历史的进化，按照这个观点，后一阶段必定优于前一阶段。假如计划经济不可避免，那么它显然优于资本主义。计划经济信仰有赖于三个教条：（1）社会是全能全知的存在；（2）计划经济的来临是不可避免的；（3）历史是从不完善走向更完善状态的持续进步，这意味着计划经济是符合需要的。

第三节 计划经济的行为学特点

对于经济学而言，计划经济的主要特征在于所有生产活动被一个意志指导。根据统治者自己的主观价值等级，所有的工人、资本财和自然资源都为实现统治者（共同运作计划经济政府的集体）最大可能满足的唯一目标所利用。行为学对计划经济的批判（将在后续章节细说）不关心各种目标的选择，而只看计划经济能否有效率地分配资源，甚至从统治者的角度也能达到最令人满意的结果。

要点诠释

本章为后续章节提供了历史背景，它是米塞斯对于计划经济不可能进行经济计算的论证。在本章中，米塞斯表明古典自由主义经济学家是如何在不知不觉中帮助了计划经济理论家的。

知识点拓展

（1）米塞斯描述了古典经济学家的洞见：企业家的目标和那个完美国王的目标并无不同；因为这个仁慈国王想要达到的目标，也不过是像企业家一样使用各种生产手段，以使消费者获得最大程度的满足（第868页）。但米塞斯接着批评这些作家深陷于个人价值判断。这实在是讽刺，因为米塞斯也强调了消费者权力至上的原则。米塞斯的意思是说，古典自由主义经济学家没有将实证的经济要求（关于市场经济中的正确引导因素等）与规范的经济要求（如繁荣兴旺、降低婴儿死亡率等）区分开来。

（2）米塞斯对独裁者掌握工具的评论（第876—877页），对于澄清其批评意见的显著本质（见后续章节）是重要的。米塞斯想说的不仅是计划经济实际上不可能经济地分配资源，而是计划经济从本质上说是不可能的。这个问题比起知识分散及其他实际困难都深刻得多。

习 题

第一节 计划经济理念的历史起源
- 老一辈自由主义者是以何种方式产生"完美政府"这个语义混淆的东西的？
- 为什么米塞斯说"每个计划经济者本质上都是乔装打扮的独裁者"？

第二节 计划经济者的学说
- 为什么有人会认为计划经济的到来是不可避免的？

- 黑格尔在马克思主义学说中起到什么作用？
- **计划经济**信仰的三个教条是什么？

第三节　计划经济的行为学特点

- 对于独裁者——为了论证的目的——依据技术知识、属下服从等，米塞斯认同了什么观点？

  评论："我们的问题——计划经济这个至关重要而且也是唯一的问题——是一个纯粹的经济问题，因此是一个仅涉及手段而不涉及最终目的的科学问题。"

第二十六章　计划经济不可能进行经济计算

本章概要

第一节　问　题

为了揭示计划经济的核心问题，我们可以考虑一下想要建造一幢房屋的计划经济者。要建造满足其预定要求（建筑面积等）的房屋，有多种不同的技术方法可供运用。统治者可以接受下级转述的无数物理和化学事实，但他无法将这些不同的报告简化在一个容许算术运算的共同标准之上。他缺少方法量化每一个步骤所需要的不同技术的建造成本。建造他想要的房屋有损于他对自身其他需求的满足，但要将这种损害降至最低限度，他却无计可施。

"计划"的矛盾之处在于，计划者因为缺少经济计算手段，无法比较稀缺资源的利用所产生的成本，所以根本无法计划。

第二节　过去未能了解的问题

尽管过去一些经济学家触及了计划经济计算问题，却未加重视，而让这些见解消失不见。过去人们未认识到计划经济的这个基本问题要归咎于数理经济学家。数理经济学家在他们的形式模型中关注的是"静止-均衡"状态，所以企业家才能不是必要的。此外，他们认为即使不使用货币，经济计算似乎也是可能的。这些误导让许多思想家以为，计划经济取代生产资料私有制是可行的。

第三节　对于解决计划经济计算问题的一些建议

一直以来，计划经济理论家忽视了经济计算的问题。然而，经济学家的批评迫使他们最终提供了所谓的解决方案。所有这些方案都是站不住脚的。例如，基于所含内在劳动评价商品的种种努力，这些方案忽视了劳动异质性及其他生产要素的贡献。再如，根据"效用"单位评价商品的各种建议也是无用的，因为效用乃序数排列，而非可度量的基数（其他建议方案在余下几节评论）。

第四节　反复试验法

计划经济者之所以无法试错，是因为缺少可判断盈亏的市场测试，这样一来，他们也就没有可以表明计划成败的明显信号了。

第五节　准市场

计划经济的初心,是用一个自觉意志代替资本主义生产的"无政府状态"。无私与理智的合作替代了私有制下无谓浪费的竞争。计划经济者因此坚信他们将提高总产出,并依据伦理原则再分配成果。鉴于这个历史定位,晚近的"市场社会主义"方案承认其失败了。当(精通数理经济学的)社会计划者命令工厂经理"好像"在市场经济中一样行动时,他们就承认了计划经济的最初愿景是不可维系的。

对于计划经济体制下的民众而言,"玩市场游戏"与最初版本一样站不住脚。他们忽视了一个事实,即在资本主义制度下,企业家必须决定在何时何地建造工厂,这个问题不仅仅是一家给定工厂的经济管理问题。受数理经济学"静止-均衡"解决办法的误导,支持准市场的计划经济理论家关注的是管理任务,而忽视了资本主义社会所谓资本及货币市场的经营运作。

第六节　数理经济学的微分方程式

某些计划经济理论家建议中央计划者依靠数理经济学工具来指导他们对生产资料的评价。但这样的建议同样徒劳无益。数理经济学家的微分方程式所描述的是一个长期静止的均衡状态。这些方程式并未阐明,计划者应该怎样接受当前世界的本来样子(依照计划者的价值等级,这里充斥着错误分配的资本财和在多余领域接受训练的工人),并如何向着理想的最终状态推进,以及如何在这个过渡阶段尽可能保持令人满意的状态。

要点诠释

本章作为极其重要的一章，表明计划经济不可能进行经济计算。没有生产资料私有制，就没有资本财和其他资源的价格。结果就是，计划者无法计算下达命令的成本，即被放弃的机会的价值。比起先前作者强调的激励问题和道德败坏的可能性，这是对计划经济的一个根本的批判。

知识点拓展

（1）米塞斯承认，即使在市场经济中，企业家虽然可以依靠价格实施经济计算，也仍然会产生失误（第879—880页）。然而，这些失误的发生，是由于他错误地预测了未来状况。相比之下，在计划经济制度中，即便是按照做出决定那一刻对未来事件的预测，统治者也无法判断他对计划资源的使用孰优孰劣。在市场中，人们难免出现失误，但他们至少可以凭借遭受的亏损意识到这些失误，而在计划经济的生产安排中缺少这样的反馈。

（2）米塞斯指出，无法使用准市场这个方法来处理他对计划经济的反对意见，即资本主义制度是一个企业家制度而非经理制度（第891—893页）。因为即便一个计划经济理论家建议，计划者被允许扮演投机者、期货交易员和放贷者的角色——将利润转交公共基金用于再分配，很明显，激励差别将导致这些模仿变得不可能。假如不掌握私人财产，不享有成功的硕果，就没人能够模仿市场投机者。此外，即使撇开激励性问题，计划经济者要是真的能够赋予"计划经济资本家"这样的能力，也仅仅是将他们的独裁权让渡给另一群人。经济计算的根本问题依然存在。

（3）要充分了解米塞斯的论述，读者需要熟悉历史上的计划经济计算辩论。20世纪20年代，米塞斯以一篇德语文章刊出了他关于经济计算的第一个阐述，并在他于1922年出版的著作中展开讨论。作为回应，许多计划经济理论家接受了米塞斯的挑战，试图证明计划经济在理论上是可能的（尽管也许是不切实际的）。"市场社会主义"的这个解决方案是指导计划者依靠形式化模型中的经济效率，这个观点由经济学家，如H. D. 狄金森和奥斯卡·兰格在20世纪30年代提出。弗里德里希·哈耶克在辩论中加入了米塞斯一边，强调了狄金森等人在建议中所忽视的问题。

习　题

第一节　问　题

- 米塞斯是否假设市场中的经济计算是永不失败的？这是否会影响他对计划经济批判的有效性？

  评论："'全面计划'的诡异之处就在于'全面计划'其实不能计划，因为欠缺必要的经济计算。"

第二节　过去未能了解这个问题

- 数理经济学家如何佐证计划经济的可能性？对数理经济学的最有效批判是什么？
- 为什么苏联及纳粹德国在表面上能够避免米塞斯所警告的混乱？

第三节　对于解决计划经济计算问题的一些建议

- 计划经济的六个建议方案是什么？请简要概述。

第四节　反复试验法

- 说说寻找一个丢失钱包的例子是怎样和计划经济解决方案的试错问题相关联的？
- 在一个计划经济国家中，比较投入和产出为什么是不可能的？

第五节　准市场

- 为什么新的计划经济理论家要保持市场制度的完整性，即使他们支持废除私有财产？为什么这些尝试都是不可行的？

  评论："资本主义体系不是由管理者主导的体系，而是由企业家主导的体系。"
- 为什么说扮演投资者和投机者是不可能的？

第六节　数理经济学的微分方程式

- 数理经济学家的方程式描述了什么？
- 为什么这些方程式不能提供关于未来状况的必要信息？对于当前状态的某些人而言，能否通过这些方程式来决定行为？
- 新古典经济学中最新的数学模型不只是描述长期均衡状态，它们也可以描述（均衡）通往这种稳定状态的过渡路径。这个发展是否有损于米塞斯对数学方法的批评？

第二十七章　政府和市场

本章概要

第一节　第三种体制的构想

生产资料是为私人所有还是为政府所有是市场经济制度和计划经济制度的区别所在。倘若政府拥有某些企业，却因其他企业和资本财由私人买卖以至能够计算，那与其说这是一种"混合经济"，倒不如说这是政府拥有某些财产的市场经济。许多思想家希望推行一种既非纯粹的计划经济也非纯粹的资本主义的体制——据说可以避免这两种制度的缺陷。经济学会告诉我们，这个假定的第三种制度能否以其支持者相信的方式实际运作。

第二节　干　预

计划经济有两种实现模式。在苏联模式下，所有企业一律国有化，变成政府的官僚主义触手。对比之下，在兴登堡或德国模式下，市场外观被保留下来。这个模式虽有支付工资、获得收入的名义店主，但这些数字都是假象，因为所有活动都由中央机构指导。

这两种模式都是计划经济。德国模式并不以干预主义为特征，因为政府已经废弃了市场。在推行干预主义的方法时，政府确实保留了私产制度，但会选择性地干预它认为不合适的结果，并运用强制威胁改变自由市场行为。

第三节　政府职能的界定

正义和道德只有在社会背景下才有意义。从分析政府本质出发，推导出政府"合法"职能的尝试是无用的。政府的宗旨是通过保护财产权保障市场经济的平稳运行。显然各国政府在管辖范围内有干预工资和利率的实际能力，问题在于这些措施能否实现它们设定的目标。

第四节　"正直"作为个人行为的最终标准

某些改革家提出了另一种可能的社会安排。在这个安排中，个体为满足道德或宗教理想而自愿放弃贪婪和利润。在这样的制度中，人们被良心而非自私引导，它既非计划经济也非资本主义，甚至不是干预主义（因为政府不必强制实施新法令）。然而，告诉企业家务必不能以低于竞争对手的价格出售商品，或必须支付合理工资给雇员，这样做是不够的。一旦市场中的行为人所接受的指令是让他们偏离正轨，改革家的指导就需要具体入微。

第五节 自由放任的意义

在 18 世纪的法国,古典自由主义者使用"自由放任"来描述他们的计划。他们想要结束政府对企业家优胜劣汰的干预。在现代,"自由放任"意味着对不尽如人意的社会状态无所作为。诉诸"计划"据说恰恰代表着自觉行为,代表反对盲目及"自发"的市场过程。

这些流行的概念完全不成立。选择并不在于是计划还是非计划,而在于是允许个人自由地计划自己的生活,还是让政府全权计划自己的生活。假如一个学者怂恿政府去扭转一个市场结果,这实际上意味着,他要求武装人员去实施他本人的价值体系,并以牺牲消费者偏好为代价。

第六节 政府对消费的直接干预

假如政府直接干预民众的消费选择,交换学就没什么好说的了。经济学处理价格的决定性因素,是将消费者花钱的意愿当作给定的条件,而不探究其花钱的动机。然而,政府实际运行的法律通常并不直接针对大众,而是针对服务大众的企业家,并以此来掩盖它的企图。此时,经济学就可以分析这样的措施能否实现他们设定的目标。

要点诠释

米塞斯已经解释了市场经济的运行方式,证明了计划经济的不可能性,他把目光转向第三种方式,即那个据说能够同时避免两者不足的混合经济。在本章中,米塞斯为这个议题做了铺垫。后续章节将表明这个所谓中间道路是不稳定、不成立的选择。对于人们而言,选择依旧是在资本主义或者计划经济当中进行。

知识点拓展

(1) 尽管米塞斯相当敌视自然法的思想(第864—865页)——该观点由古典自由主义者运用,但罗斯巴德和其他米塞斯主义者却支持这一方法。罗斯巴德相信,根据人之本性及其所处环境所做的推理是能够实实在在为法律人提供指导的。

(2) 在他对道德社会改革建议的评论(第868—884页)中,米塞斯的严厉批评也许会误导读者。在自由市场经济中,人们并不单纯地基于经济考虑做出决策,如人们会向慈善组织捐赠,雇主会出于非金钱原因挽留雇员并承受金钱亏损。所有这些动机都对自由市场的价格结构做出了贡献,但这个结果恰恰不受变革家认同。米塞斯的重点在于,假如人们的自愿行为(也许受基督教教义引导)不被允许,那么他们必定被强加了另一种具体的替代性行为标准。

(3) 在对政府直接干预消费的论述中(第878—881页),米塞斯表示商品价格依赖于消费需求,而需求的理由(消费者偏好是否合法,或政府是否采取强制措施)无关紧要。但实际上,在许多场合中,这种区别所导致的结果是不同的。例如,产品质量会存在差异,这取决于消费者是自愿购买产品,还是纯粹受政府强制而购买。然而,米塞斯正试图阐明干预主义在行为学上的必然缺陷,因此他将注意力集中于干预主义无法实现其本身设定的目标。

习 题

第一节 第三种体制的构想
- 什么是第三条道路？它的特征是什么？

第二节 干 预
- 计划经济的两种实现模式是什么？
- 将干预主义与德国社会主义区分开来的是什么？
- 政府干预总是意味着什么？

  评论："政府的基本特征是靠打、杀和关押来执行它的命令。"

第三节 政府职能的界定
评论："对错的观念是人类的一个手段，一个功利主义的戒律，旨在使社会的分工合作成为可能。"
- 米塞斯是否认为"你不可以杀人"是自然法的一部分？

第四节 "正直"作为个人行为的最终标准
- 为什么若私有产权的统治地位——改革家将之蔑称为自私——被消除，市场经济会一团混乱？
- 对"利他企业家"的期望为什么是错误的？
- 为什么米塞斯认为公平价格和公平工资的学说已经阻碍了经济发展？
- 为什么布道者以消费者为劝说对象，而不是生产者？

第五节 自由放任的意义
- 自由放任的定义是什么？
- 市场是否依赖于"自发"力量？

第六节 政府对消费的直接干预

评论："政府每一个干预经济的行为，必定会间接影响消费。"

评论："剥夺一个人的消费自由，便等于剥夺了他的一切自由。"

第二十八章　借由征税进行干预

本章概要

第一节　中立征税

假如政府要保障市场的平稳运行，它就需要取得收入，而方法便是征税。我们可以想象一个附加"收入分配平等"这个假设的均匀轮转经济。在这样的世界里，人头税与收入税是毫无二致的。然而，在真实的世界中，这些征税方法将产生不同的结果。中立征税的目标——价格不受税收制度的干扰——是无法实现的。每个税收制度将或多或少地影响不同的消费者，也因此影响市场价格。

第二节　完全征税

将能力缴税原则推到极端，就可以想象一个完全征税状态。政府没收了所有收入甚至所有财富，然后根据表面公平的法则分发给它的臣民。作为一种干预形式，全税化明显是无效的。它要么实现彻底的计划经济，要么鼓励富人歇业并且消耗掉他们的资本。

第三节　征税的财政目的和非财政目的

税收的财政目的和非财政目的也许是相冲突的。举个例子，假如酒税的推行是为了降低消费，那么高税率可能会导致总收入的下降。一般来说，假如税负提高到某个点，税收就不再成为保障市场的工具，转而成为破坏市场的武器。

第四节　征税干预的三种类别

不同的征税方法可以被分成三类：
（1）税收的目标是消除或限制特定商品的生产。
（2）税收没收了一部分收入或财富。
（3）税收完全没收了收入和财富。
第三类税收纯粹是实现计划经济的工具。另外两类税收将分别在第二十九章和第三十二章予以介绍。

要点诠释

在本章中，米塞斯建立了税收分析的范畴。他将大部分论述集中在后面的篇章。

知识点拓展

（1）在评论中立征税时，米塞斯想象出一个收入分配完全平等的均匀轮转经济（第882—884页）。在此，我们必须强调这是一个附加假设。总体而言，在均匀轮转经济中，收入分配没必要完全平等。

（2）在本章的论述中——收入税率高到一定程度实际上就会降低税收收入，米塞斯预见了"拉弗曲线"（第886—887页）。

习　题

第一节　中立征税
- 中立征税的定义是什么？
- 为什么政府整体上会坚持税收政策的能力原则？

第二节　完全征税
- 全税化的定义是什么？
- 在全税化制度下，什么可以激励资本家及企业家？

第三节　征税的财政目的和非财政目的
- 什么将税收的财政目的和非财政目的区分开来？举一例说明。
- 税收是如何摧毁市场经济的？
- 额外的税收是如何自我毁灭的？

第四节　征税干预的三种类别
- 简述税收干预的三种类型。

第二十九章　限制生产

本章概要

第一节　限制生产的本质

本章涉及的是政府为了改变生产所采取的使其偏离自由市场应有模式的措施。限制生产同样也会改变消费模式，但这只是一个副效应。政府的目的在于改变生产。

限制必定使人们更趋于贫穷。对于企业家而言，自由市场倾向于将资源引至满足客户最佳需求的部门。假如政府一举扭转了这些资源投入的方向，那么顾客对于最终产出的满意度将大打折扣。政府唯有通过打压其他生产部门，才能刺激或鼓励某些生产部门。

第二节　限制生产的目的

政府施加的限制让消费者更为贫困，因此代价高昂。但政府施加的限制从原则上来说可能利大于弊，正如有人会以国防开支或其他政府服务是税收支持为由证明轻税负（坦承这会让民众贫穷）是有理有据的一样。然而，典型的政府限制是不合理的，因为它不能实现政府原本设定的目标。例如，"劳工保护"立法不能让工人整体受益，"保护性"关税也无法让一国更加富有。

第三节　作为一项特权的限制

尽管政府施加的限制会让整个国家更加贫穷，然而每个限制都能让部分人得到好处。典型的例子就是关税，关税降低了人均消费，却为受保护的国内产业提供了较高的工资。然而，即使是这样的利益也只是短暂的。长期来看，高工资会吸引更多工人，直到这个受保护的产业对于工作或投资而言不再保有特殊利益。全球生产的重新安排是唯一的永久性效果，以至于该产业的商品在成本较高而非较低的地区生产。尽管长期来看，人人因限制而尝尽苦头，但在政治上消除这些限制却步履维艰，因为这样会导致特权集团短期受损。

关税的主要目标之一在于，保护国内产业免受"积极"管制的直接影响。在自由贸易中，要求雇主改造工厂的新政，会立即让无此限制的外国厂商获得利益。但假如提高关税，在限制重重的国内产业及其外国对手之间"平衡竞争条件"，管制的恶果就不会那么显而易见。

第四节　作为一个经济体制的生产限制

可以想象，政府限制的成本（在无限制情况下本应生产，而如今不准备生产的商品价值）在与收益比较之后被接受。例如，某市政府也许会将一块地划作公园，而非兴建工厂或商场。从经济学的角度来看，我们不能判断该公园在价值上是否高于工厂或商场未能完成的产出或服务。

但显然，限制法案即使有理由，也应该被归为准消费而非生产。正因如此，限制不能被当成一种经济体制。

各种"劳工保护"措施并不能提高生活水平，它们降低了某个生产要素——劳动的利用率，进而降低了劳动与资本财组合的效果。最长劳动时间及其他类似的法律强制工人消费更多闲暇而生产更少商品。在这个意义上，这种管制是准消费计划，而非生产计划的一部分。

要点诠释

在本章中，米塞斯阐述了一个虽然基本却十分关键的观点，即政府对生产的限制必然降低人们的平均生活水平。此外，即使是少数特权者从给定限制中能获得的利益也只是暂时的。正如他将经济学视作一门实证科学的观点，米塞斯不对限制本身进行价值判断。他只是指出把大多数限制作为实现目标的手段是不合适的。

知识点拓展

（1）米塞斯表示，每个限制措施的实行，都应该在仔细权衡生产成本和所获得的奖励的基础上做出。明理的人都不可能质疑这个行为准则（第891页）。

实际上，米塞斯的弟子罗斯巴德相当合情合理地质疑了这一点。首先是政府的适当角色这个问题。例如，一个推崇美国宪法的人因为无授权而反对联邦一级管制，即使从功利主义的角度来看，这些管制似乎也是合理的。此外，一个人即使表面上接受米塞斯的论点，也不得不小心权衡采取管制措施的利弊。除非自由市场本身无法解决问题，管制才能真正带来好处。对于米塞斯所说的消防管制的例子，保险公司在批准房屋保险之前，很可能已经颁行了消防规章。政府推倒这些私营部门的规章，重新实施自己的规章，此举（即使）有益，也必须是因为政府规章远优于市场规章，问题当然不是有没有消防规章。

（2）在评论美国对外国商品的进口时，米塞斯认为，美国多赚到的那些美元最后必定全数流入美国，增加美国某些产业的销售量。瑞士人和中国人不是圣诞老人，他们不会把他们的产品当赠品送出去，他们必定会把多赚到的美元用来购买某些东西（第 945 页）。

严格来讲，美国对外国商品的进口并不一定会转换成美国商品的出口。这是因为瑞士人和中国人可以不将美元用于购买美国的商品或服务，而是用于购买美国的资产，如美国国债或通用股票。从长期来看，诚然一国以其出口收入支付进口收入，但在任何给定时期，净资本盈余可以弥补净贸易逆差，即外国人投资于美国的资产多于美国人投资于外国的资产。

习　题

第一节　限制生产的本质
- 生产的限制意味着什么？它的必然结果是什么？
- 关税唯一能实现的是什么？

第二节 限制生产的目的

- 保护主义的后果是什么？
- 限制工作时间的后果是什么？

  评论："大多数时候，劳动立法只是为已经因快速的工商业发展而圆满促成的情况变动，增加一种法律上的事后认可形式罢了。"

- 对许多亚洲工人而言，摆脱悲惨境地的唯一适用手段是什么？

第三节 作为一项特权的限制

- 为什么米塞斯认为"法律的宠儿渴求特权的欲望是永不餍足的"？
- 假如每个国内产业都被该国的关税保护，那么迈向自由贸易时是否会伤害所有产业？

第四节 作为一个经济体制的生产限制

评论："经济学没说限制生产是一个不好的生产体制。经济学说限制生产完全不是一个生产体制，而是一个准消费体制。"

第三十章 干预价格结构

本章概要

第一节 政府和市场自律

政府对于市场结构的干预,是通过实施偏离自由市场应有水平的最高限价政策和最低限价政策。具体的价格水平或工资水平可能有强制执行的最高或最低标准,这取决于相关群体的情况和政治实力。历史上只有利率一直受到最高限价管制,支持放贷收入在政治上从来就不受欢迎。

假如政府对一切价格、工资和利率实施控制,就会产生德国社会主义模式。然而,许多价格管制的支持者想要保留市场经济。他们实际上是在宣称,只有选择价格管制,才能避免计划经济的降临。经济学家必定会探究这些方案是否真的能实现他们所设定的目标。

历史上充斥着最高限价及反高利贷法的失败案例。这些失败总被归咎于阴谋家或当局执法不严。中世纪末期的思想家开始意识到这件事另有隐情，即市场经济中存在不屈从于政治力量的市场现象的一般法则。这些市场活动中的法则或规则，最初是在货币贬值及法币律令的背景下被发现的，并被总结为格雷欣法则（"劣币驱逐良币"，意味着人们储藏真正的铸币，并将贬值的铸币用于交换）。

这些蔑视经济学家关于价格管制教诲的干预主义者，否认经济学本身的存在。他们不承认存在支配市场现象的法则，而这些法则独立于人的意志之外，正如存在支配自然的法则一样。只有狂人才会吹嘘他对物理法则或生物法则的挑战，但政府却一向倾向于否定经济法则。

第二节　市场对政府干预的反应

市场价格的典型特征是，让商品供应量和需求量相等。假如政府强制推行一个低于市场价格的最高限价，那么市场必然出现短缺，买方需求的商品单位将多于卖方愿意以人工价格供应的商品单位。倘若要在潜在的购买者当中分配可获取的商品供给却不使用货币手段，政府就不得不采用其他手段，如个人关系，甚至是暴力威胁（为了避免不尽如人意的结果，政府通常会强制推行自己的替代分配体系）。另外，一个设定在自由市场水平之上的法定最低限价将导致过剩，卖方供应的商品将多于买方需求的商品。

除了这些影响，价格管制还重新安排了生产结构，并最终使支持控制者的意图落空。例如，政府可能对食品制定一个最高限价，目的是让贫穷的消费者也能负担得起这种食品。但现在，资本和劳动力将会转移到其他未受管制的产业，因为受管制的产业的收入被人为减少了。因此，这个目标的结果恰恰与政府的目标相左——食品的产量减少了。政府可能会试图补救这种情况，对食品生产商所用的原材料生产商也设置最高限价，以维持食品生产商的盈利，但这只会导致这些原材料生产商将生产转移到其他部门。最终，这国政府必须借助于彻底的德国社会主义模式，或者坦承它无法通过干预政策支持消费者。

浅论古代文明衰落的原因

公元2世纪的罗马帝国一度实现了高度的分工。农夫向城市居民出售小麦及其他主食，用于交换手工业制品及其他城市制造的商品。然而，对作为生存必需品的食品实行严格的价格管制连同通货贬值最终摧毁了古代文明，并催生出自给自足的家庭式庄园制度。

第三节 最低工资率

政府通常会发现，最低工资率的制定——将工资固定在自由市场工资率水平之上——深受欢迎。政府对工会活动中使用暴力手段常常态度不明，所以工会在痛殴穿越纠察线的"工贼"时可以免受警察及法庭的惩罚。

假如只将最低工资率施加于某个部门的工人，那么这会提高该行业现有人员的工资，但会将剩余人员驱赶到其他部门（因为雇主将选择以更高价格雇用更少的工人）。"特权"工人赚取的工资与非工会工人减少的工资相匹配。然而，假如政府或工会成功地在大多数或所有产业中，将工资提高到市场水平之上，那么后果就是制度性失业。

所有工会宣传都忽视了一个关键事实：提高平均工资水平的唯一途径是增加工人的人均资本量。即使工会自己也隐约意识到了这个事实，因为它们在历史上排斥移民、儿童、妇女及其他劳动竞争对手，并反对资本输出。

政府已经尝试了许多方法对抗大规模失业问题，但每一种方法都是雪上加霜。例如，失业救济金纯粹是通过资助闲暇使问题进一步恶化；救济金付得越多，失业者就越缺少寻找工作的动力。政府开支和公共工程只会将经济活动从私人领域转移到与满足消费者需求无关的公共领域。最后，政府试图采取信用扩张，以虚假的名义工资增长哄骗工人，但工会很快就会调整它们的工资要求，以弥补不断降低的货币购买力。

从交换学观点看工会运动

经济学对工会运动需要强调的是，它们广泛使用暴力将工资率固定在市场水平上将导致制度性失业。当政府放弃维护财产权，允许工会实施这些威胁手段时，其结果与政府自身强制工资增长的情况将没有分别。问题不在于"结社自由"或工人是否有"罢工权"，而在于是否应该允许他们以暴力威胁不愿罢工者，这些不愿罢工者想要的工资水平低于工会满意的工资水平。

要点诠释

本章说明了米塞斯对经济学家批评政府政策唯一可接受的观点，即作为一名经济学家，不能质疑他人的价值判断，但可以指出他人的建议或措施不会实现他们的目标。本章对价格管制的弊端的大部分分析与标准教材的处理方法没有区别。米塞斯讲述了他本人的历史了解，不仅向读者讲授了工会史，而且还解释了罗马帝国的兴亡。

知识点拓展

（1）米塞斯坦陈，在极特殊的情况下，最高限价不一定会限制某种商品的供应量。他使用了城市住宅的例子（第918页）："譬如，一块土地的都市开发租金超过了作为农业用途的租金，超出的金额便提供了一个边际范围。在这个范围内，实施租金管制不会缩减可供出租的都市楼房的占地面积。"不可否认，价格管制，尤其是在大城市，很有可能降低可供出租的房屋数量。尽管一套住宅的主人不会拆了房子去种植玉米，然而他也许会延迟翻新住宅的时间，也许放弃招租，抑或决定保留某些房屋用于个人储物。实施租金控制后给人的全部印象是，尽管没有建筑转变到其他用途，但可供出租的住宅单位在实际数量上大大减少了。

（2）"李嘉图效应"是指，当工资率上涨时，机器会替代劳动力。整体而言，可以由不同数量的工人及资本财生产商品，生产的最廉价组合将取决于相对工资率和资本财服务的租赁价格。工会的辩护者争辩说，李嘉图效应意味着雇佣者会投资更多机器，因而提高了劳动生产力，并且为实际的工资增长提供了理由。米塞斯指出，工会活动无法增加可供雇主利用的资本财数量，只有储蓄和投资才能做到这一点（第934—936页）。李嘉图效应只有在个别情况下才有意义；一家小镇新开的工厂可能从其他生产部门吸引年轻男孩并提高他们的工资，接下来某些雇主会投资于更能"节约劳动"的设备以适应新情况，因为他们也必须支付更高的工资，才能挽留这些年轻男孩。但这也只意味着这样的设备如今变得更贵，因为若没有开设新厂，设备本应销往其他部门。就其本身而言，工资率的上升并没有创造更多能够节省劳动力的设备供应，这个小镇上的雇主增加的购买大致与其他小镇上的其他雇主降低的购买相抵消。

习 题

第一节 政府与市场自律

- 对市场结构的干预意味着什么？
- 价格管制的形式是什么？

  评论："但是，干预主义者在提倡价格管制之际，不能不否定经济学的存在……"

  评论："物理学、生物学和行为学研究的这些宇宙法则是独立于人的意志的……"

第二节 市场对政府干预的反应

- 假如政府设定一个高于市场价格的最低限价和一个低于市场价格的最高限价。那么其后果分别是什么？
- 假如租金控制只被加在先前存在的住宅单位上，那么这对于新住宅的供应有无影响？
- 据米塞斯所说，商品供应量最高限价法则的两个例外是什么？

  评论："这一灿烂的古代文明之所以沦于消亡，其原因在于它没有调整道德律和法律体系以适应市场经济的要求……罗马帝国之所以解体、粉碎，只是因为它欠缺自由主义和自由企业的精神。"

第三节　最低工资率

评论："劳动市场只要既没有政府干预也没有工会干预，便只有自愿的或交换性的失业。"

- 失业怎样才能是自愿的？
- 为什么米塞斯对李嘉图的评价和工会从中推出的结论"把事情弄颠倒了"？为什么他认为李嘉图误解了因果关系的方向？
- 为什么其他条件不变，真实工资率增长的程度只取决于资本更加充足的程度？
- 米塞斯是否认为工会有为工人的工资进行协商的权利？
- 米塞斯是否同意将工会的措施非法化？

第三十一章　通货与信用操纵

本章概要

第一节　政府和通货

政府不能创造货币。然而，在契约纠纷中，法庭必须确定某些措辞的含义，从这个角度来看，所有政府都必须界定什么是"法定货币"。此外，回顾历史，政府曾努力采取措施保障作为交易媒介流通的铸币的重量及纯度。许多政府最终滥用了这一特权：它们依靠削减铸币的金银含量，并颁行意在逼迫臣民接受削减铸币与合法铸币平价的法令。

国际金本位制不是国际协定的产物，而是古典自由主义的产物。当各国政府不试图通过影响货币存量来实现其他目标，而代以纯粹寻求确保货币作用之流通铸币的质量时，国际金本位制就应运而生了。

第二节　法偿货币立法的干预作用

最简单和最古老的货币干预主义类型是铸币削减连同法币法令，其目的是消除债务人的困境。政府扩张通货导致购买力下降，随之宣布削减前的契约债务按照疲软的货币偿付。（政府有时参与通缩，此时货币存量缩减，货币购买力增强，从而使债权人得益而债务人受损。但在这种情况下，政府的目的不在于帮助债权人，这只是政策的副作用。）

与其他干预主义形式一样，货币通胀长期来看无助于债务人，它充其量能在政策宣告时为现存债务者减免债务，但所有新债务人必须支付更高的毛利率。假如通货贬值频繁发生至一定程度，信用体系会陷入彻底崩溃。假定频繁扩张通货的目的是帮助债务人，那么这样的方法就注定会失败。

第三节　现代通货操纵方法的演变

金属材质的通货不易受到政府操纵，因为削减铸币的企图将导致格雷欣法则所描述的结果。在这方面，"硬通货"的存在阻碍了政府通胀目标的实现。

古典经济学家忽视了硬通货体系的这一好处，他们称赞纸币系统的资源成本低于金属货币系统的资源成本。在传统或古典金本位制下，政府会宣布本币与一定重量黄金的交换率。于是，臣民携带于身的便不仅是钞票，还有金子（通常以铸币的形式出现），并把它们当钱一样使用。任何人都可以将通货兑换成一定质量的实物黄金。政府在制造额外的纸币单位方面受到约束，因为纸币总会被兑换成黄金，从而抽走国库的黄金储备。

在金兑换本位下，政府仍旧保证以一定质量的黄金兑现通货。然而，公众不再将黄金作为现金持有，他们只持有代用币。政府进一步采取措施，阻止公众兑现钞票从而抽走储备。通过使公众在现金储存中放弃持有黄金，金兑换本位赋予了政府扩张货币供应的更大灵活性。实际上，在世界大战期间发展起来的金兑换本位被称作"弹性本位"，因为为了实现政府的目标，通货与黄金之间的保证兑现率可随时调整。

第四节　通货贬值的目的

在1929年的繁荣期终结时，几乎所有国家的工会都成功地将工资率提升到市场出清的水平之上。当大萧条随之而来，价格体系崩溃时，固定的名义工资导致了不可承受的失业。由于不敢公然挑战工会，政府宁可让货币贬值以降低工资率，也没有要求工会承认其诉求是灾难性的（也就是说，扩张的通货将使其他商品及服务价格上涨，而工资率却要求维持不变或轻微上涨。这将使工资率接近于原有水平而不受工会干预，这样就降低了制度性失业水平）。除了降低真实工资率，政府也希望货币贬值能够实现以下目标：

- 提高商品价格（有利于农业生产者）。
- 使债务人得益而债权人受损。
- 鼓励出口及减少进口。
- 吸引更多的外国游客，同时阻止公民游览其他国家。

通货贬值对于实现以上目标是一个无用的工具。工会很快就会明白这一点，并会依据真实工资水平提出诉求。用价格上涨援助农业生产者，只是对消费者的惩罚。名义利率包含一个取决于通胀的溢价。最后，假如一国本币的贬值速度快于其贸易伙伴，那么贸易顺差的所谓好处也只能在短期内发挥作用。

第五节　信用扩张

信用扩张甚至可以在自由市场中发生。银行家意识到，只要金库中的准备金低于百分之百准备金，他们就可以借此获利。因为在正常的运营中，大部分顾客不会不约而同地向银行要求提现。然而，在一个强制实施契约义务的自由市场中，私人信用扩张的范围十分有限。

现在的情况完全不同。政府已经接管了货币及银行体制，并习惯于运用系统性扩张追求各种目的。除了导致价格上涨和财富再分配，信用扩张还引发了困扰现代经济的繁荣—萧条周期。金本位制阻止了单个国家的信用扩张：假如该国的扩张步伐超过他国，他国就会抽走该国的黄金准备。但随着容许通货贬值的弹性本位的出现，政府拥有了参与任意信用扩张的更大自由。

反商业周期政策的妄想

干预主义者将周期性萧条归咎于市场经济的内在失败，他们没有意识到政府的信用扩张在繁荣期所发挥的作用。那些反周期政策的支持者推荐政府在繁荣期提高利率并实施预算盈余，在经济滑坡时降低利率并实施预算赤字。这些建议忽略了经济下滑的原因是缺少资本财。在繁荣时期，过多的生产过程被启动，其中有些是必须被放弃的。政府不能通过借钱或制造额外的纸币来改变这个客观事实。

第六节　外汇管制和双边汇兑协议

出于国家威望，并为了否认通胀政策的害处，一国政府也许会对外币单位规定一个最高限价（以本币换算），而这个价格会低于市场交换率。与其他价格一样，这导致了外币短缺，因为本国民众想购买的外币（使用本币支付）多于外国民众愿意出售的数量。这种情况被归咎于投机者和贸易逆差，并被描述为荒谬的"外汇短缺"。一国政府为解决这一问题会采取权宜之计。

该国政府可以禁止未经批准的外币买卖。这也许会减少出口量，但长期来看这种方式无助于贸易平衡，因为受阻的居民把他们的本币花在国内商品上，推高了国内商品的价格并因此抑制出口（与进口减少相匹配）。无论贸易平衡起初有多少"入超"，在新禁令实行之后依然会保持入超。

该国政府可强制实施官方高估了的汇率，同时对出口者提供补贴而对进口者征税，并允许恢复实际的市场汇率。那么，外汇市场上的干预不会改变对外贸易的状况，但这些干预使得经济更接近于全面计划经济。

为了掩盖通货相对于黄金及其他货币购买力的下降，该国政府会寻求与他国的易货协定。

关于纳粹易货协定的一些评论

德国纳粹政府与多国签订了易货和清算协定。尽管这些协定预告了货币管理新时代的到来，但实际上对政府而言，这种方式在于实现自己的政治目标，而让受政府关照之外的人受损。例如，德国也许会同意用工业品与另一国交换农业品，但达成的价格使得两类商品集合均被估价为1100万美元，尽管在世界市场上，每一商品集合的估价在1000万美元。这会让德国的贸易伙伴国送给本国农民一份厚礼（他们的售价高于世界市场），而惩罚那些被迫从易货协定中获取外国工业品的人。

要点诠释

在本章中，米塞斯解释了，货币和银行体系中的干预措施为什么无法实现人们普遍想要的目标。正如在前一章，米塞斯以他对历史的了解丰富了对这个问题的标准经济学分析。他表明了，一个初始干预（如对于外汇的管制）会由于未曾预料到的累累恶果而导致进一步的干预。

知识点拓展

（1）米塞斯写道，赞成弹性本位制的一个主要论点就是该制度会降低国内的货币市场利率（第947页）。

他的意思是说，在古典金本位制下，假如一国的信用扩张速度快于他国，凭借信用扩张降低利率的措施很快就会被取消。然而，假如该国允许本币相对外币和黄金贬值，该国扩张信用（以及降低国内利率）时就不必担心黄金外流。当下的这一点很清楚，当一国央行降低利率时，一般而言，本币相对于外币的汇率就会相应下跌。

（2）在探讨商业周期的循环发生缘于信用扩张时，米塞斯写道（第959页）："他们也许会避免使用廉价获取的资金和扩大他们的运营规模，因为他们一定会想到经济暴涨总有一天必然会结束……但是，要做出肯定的判断，现在为时尚早。"

这是一个有趣的观察，因为对米塞斯商业周期理论的批评，主要在于他对商业团体忽视了这一机制做出的假设。绝大多数现代"奥派"学者面对这个"理智预期"的批评所提出的驳斥理由是，信用扩张是某种囚徒困境。在这个困境中，即便借款人充分意识到信用泡沫，却仍然受到操纵，以确保有人会借入央行发行的廉价货币。

习　题

第一节　政府和通货
评论："某样东西之所以变成货币，只是因为人们在交换商品与服务时，通常将该东西作为交换媒介。"
- 关于通货的某些典型政府干预是什么？

第二节　法偿货币立法的干预作用
- 货币干预的最简单及最古老的类型是什么？
- 减债的后果是什么？
- 政府是否一度参与债务贬值？其目标是否在于此？

第三节　现代通货操纵方法的演变
- 为什么古典金本位制对货币干预主义起到了约束作用？
- 为什么经济学家（包括米塞斯自己）天真地看待金本位制？
- 通货贬值的定义是什么？
- 弹性本位制意味着什么？

第四节　通货贬值的目的
- 通货贬值的五个目标是什么？

- 什么是通货贬值的不利后果？是否也存在有利后果？
- 通货贬值能否为制度性失业提供一种长期解决办法？

第五节　信用扩张

- 米塞斯称"信用扩张的始作俑者是银行家，而不是政府"指的是什么？目前情况怎样？
- "定性的信用管制"是什么意思？
- 假如信用扩张局限于特殊利益集团，那么后果会是什么？
- 追求信用扩张而不影响股票价格是否有可能？
- 为什么说要增加资本财存量，真正的问题在于生产更多和消费更少？
- 为什么公共工程计划实际上恶化了危机？

第六节　外汇管制和双边汇兑协议

- "外汇短缺"这个词的意思是什么？为什么米塞斯不认可这个术语？
- 政府能否通过限制进口来减少贸易收支逆差？

评论："而只有那些头脑蠢钝、全然不知真实情况并任凭官僚术语愚弄的人，才会著书立说、撰文讨论所谓的货币管理新方法和货币新经验。"

第三十二章　没收和重新分配

本章概要

第一节　没收的哲学

与广为流行的原则相反，在资本主义制度下，不是先有一个生产过程，再有一个独立的分配过程。这两者实际上是合为一体的，因为各个生产过程的产出归个人所有。完全没收法案也许能做到劫取财物再将其分配给他人，但假如生产者恐惧于一再上演的没收政策，那么这将导致他们消耗自己的资本。

第二节　土地改革

在市场经济中，农地和其他生产要素一样。效率的存在将让土地处于最有生产力的农民的控制之下，农地规模会趋向于使每单位投入的产出最大化。假如政府干预这个结果，例如分拆大农场，那么这将从其他行业中吸引人们从事农业生产。农产品总量将会下降,价格将会上涨。社会为了使某些(相对低生产力的)农民受益而更加贫穷。

第三节　没收式征税

无论这个目标是否能提高收入或影响社会政策,累进制收入税和财产税都会阻碍经济增长,因为它们阻止了最有生产力的个体,刺激了富有者消耗资本。讽刺的是,那些"既得利益"受到高边际税率的庇护,这是因为假如"多余的"利润被政府没收,那么某一产业中的新入者就无法再拿它们进行投资了。

没收式征税和风险承担

反对没收式征税的一般理由是,它降低了企业家承担风险的意愿:亏损的风险仍然在,但现在政府人为地减少了成功之后的奖金。

然而,这个分析曲解了投资的本质。投资者不是在赌博,相反,投资者将钱投入到他们认为最能赢利的产业。不承担风险是不可能的,假如某个人拥有资本,他就必须决定如何处理它们,并因此而承担风险。

没收式征税的有害结果是,它们导致了资本消费,减少了进一步积累资本的激励,而不是导致资本家们不愿从事风险活动。

要点诠释

在本章中,米塞斯探讨了对累进收入税及财产税的普遍看法。他认为，人们忽略了它们对于个人目标的作用，它们限制了最能满足消费者需求的最有生产力的人，从而让整个社会更加贫穷。

知识点拓展

（1）当谈及高累进税的一般理由时（第974—975页），米塞斯关注的是这类税收对资本累计的作用。然而，即便从表面上看，为其辩护的理由也是错的，因为它们依赖于个人效用的比较。1美元对于穷人来说，比对于富人"意味着更多"，这是错的。但我们可以说对于每个人来说，第100万张美元钞票的效用要低于第1000张美元钞票的效用。但这个自明之理，不容许我们用来比较一个人和另一个人的满足。

（2）在对企业风险承担的评论中，米塞斯想要重申，所有的企业家行为都是投机性的，将来总是不确定的，以及没有安全投资这回事（第977—980页）。然而，人们可以谨慎地重新表述反对没收税的意见，其方式与这些见解一致。例如，一个商贩可能准备了各式各样的商品，希望满足那些众口难调的顾客。在低税率下，这个商贩能负担得起种类更多的商品；但在高税率下，他可能代之以更保守的商品以迎合已知的顾客要求。在这个场景中，将税收描述为损害商人承担风险的意愿，从而降低消费者的满足看似是合适的。

习 题

第一节 没收的哲学

- 为什么所谓两个独立过程的双重性——生产过程及分配过程——不存在于市场经济中？
- 征用是怎样影响资本积累的？

第二节　土地改革

- 农业社会主义是什么意思？米塞斯对这样一个词是如何反驳的？
- 关于土地，政府干预的不可避免后果是什么？

第三节　没收式征税

- 为什么差别税制实际上只是对成功资本家和企业家的变相没收？为什么它和自由市场经济基础不相容？它对资本积累的后果是什么？
- 没收式征税是否只影响富有者？
- 为什么干预主义者抱怨大企业僵化是一种讽刺？
- 米塞斯是否将利润视作对风险承担的奖赏？

第三十三章　工团主义和社团国家主义

本章概要

第一节　工团主义的念头

工团主义意味着两种不同的事物。第一，它可以指用于实现计划经济的革命策略。工会不为"自由""民主"等布尔乔亚流行语所动，代之以暴力推翻资本主义制度。

第二，它是指一种经济组织形式。在这个意义上，工团主义的宗旨是给予工人工厂及设备的所有权，而不是追求政府拥有生产手段的目标。它可以概括为："铁路归铁路工"以及"矿井归矿工"。

第二节　工团主义的一些谬论

工团主义思想源于将企业家和资本家类比为国王和独裁者的错误信条。工团主义相信"工业民主"必定会给予工人经济权力，正如政治民主给予人民选举权那样。实际上，市场是消费者民主，而工会想以生产者民主取而代之，此举愚不可及，因为生产的唯一目的在于消费。

假如企业家在工团主义者看来是铁石心肠的，这只是因为消费者在如何花钱这件事上是冷酷无情的。如果消费者不准备在有大家庭要养活的情况下为商品支付更多的费用，那么雇主也将负担不起生产费用。

工团主义者依赖于生产结构的静态概念。他们忽视了企业家对于在各产业间分配资本以决定哪些产业扩张或收缩的关键作用。

第三节 一些流行政策中的工团主义元素

工团主义政策的本质是，将特权授予少数工人，这将导致大多数人生活水平的下降。例如，工会限制也许会提高特定工人群体的工资，但它们降低了受排斥的工人的工资，并让消费者承担更高的价格。其他建议还包括"利润分享"，甚至于完全废除"不劳而获"的收入。

第四节 基尔特社会主义和社团国家主义

基尔特社会主义和社团国家主义的思想源于英国社会主义者和意大利社会主义者的憧憬，这两者有别于德国社会主义者。他们从中世纪体制所称颂者的著作中汲取观点，赞扬基尔特是一种比资本主义工资奴役制更优越的组织形式。

基尔特社会主义和社团国家主义的基本思想是，由每个商业部门组成一个独占体,即基尔特或社团。这个独占体拥有决定内部事务的自治权,如工作时间、技术条件及产品质量。各基尔特间直接相互协商,政府只在这些双边协议无法达成时介入。

这个计划的不足之处在于,所有产业在分工下不可能是自治的。假如煤矿工人一边限制自己的工作时间,一边提高工资,他就势必会伤害其他人。认为绝大多数人会将这些权力赋予不同的基尔特是一种天真的想法。实际上,基尔特社会主义将复归于全面计划经济。

要点诠释

在本章中,米塞斯探讨了基尔特社会主义及社团国家主义,二者密切相关,都试图享有自由的好处,而避免产生无政府主义的所谓邪恶。在解释了这些计划的历史起源后,米塞斯阐述了它们不能解释分工下所有产业彼此独立的原因。米塞斯认为,必定存在某种方式将消费者的愿望与每个产业的工人联系起来,若拒绝市场自愿机制,就只能采用政府强制。

知识点拓展

(1)米塞斯涉及"产业民主"的呼吁(第983页)。他所处时代的政治气候凸显了米塞斯对消费者权力至上原则的强调,尽管后来他的追随者罗斯巴德反对这个词。

(2)米塞斯一再指出,市场经济的敌对者依赖于静态世界观(第991—992页)。他们把工厂、供应链及技术方法当成给定的东西。他们未能领会企业家及经济计算在决定新储蓄的投资领域所发挥的重要作用。

习 题

第一节 工团主义的念头
- 工团主义的两种含义是什么?

第二节 工团主义的一些谬论
- 为什么企业家和资本家不是"不负责任的独裁者"?

  评论:"就好比医生成功地治愈了他们(保守者)的顽疾,他们却怀恨在心,嫉妒医生所取得的成功。"

第三节 一些流行政策中的工团主义元素
- 什么是工团主义政策的实质?
- "支付的能力"这一提议的谬误是什么?

  评论:"如果希望废除'不劳而获的收入',那就必须采纳计划经济。"

第四节 基尔特社会主义和社团国家主义
- 社团国家主义和基尔特社会主义的基本思想是什么?意大利是否意识到这种社团国家主义是乌托邦?

  评论:"在基尔特社会主义和社团国家主义的方案中,找不到任何东西显示'生产的唯一目的是消费'这一事实。事情被颠倒过来,生产本身变成了目的。"

第三十四章 战争经济学

本章概要

第一节 全面战争

市场经济包含着和平合作的种子。分工在战争中无法有效地发挥作用。原始部落之间的战争没有这种"缺陷",因为交战各方本就不能开展贸易活动,因此,他们参与的是全面战争。

在法国大革命之前,欧洲的情况有所不同,当时的军事、金融及政治条件促成了有限战争。一般只由一小群职业军人开战,且一般不涉及非战斗人员及其财产。哲学家在这个背景下得出了结论,人民不得不忍受战争,他们还认为消除战争的方法是推翻专制君主。许多人认为,民主政体的扩展将与永久和平保持一致。

这些思想家所忽视的是,只有民主政体下的自由主义才能保障和平。现代国家之所以发动针对彼此的全面战争,是因为干预主义和中央计划导致了敌对国人民间的真正矛盾。在古典自由主义下，政治边界是无关紧要的，自由贸易和劳动力自由流动意味着一个人的生活水平不受领土扩张的影响。但在国家社会主义（及其他邻国干预主义）下，纳粹德国的人民必定能够从征服中获得实惠。

最终，靠条约及国际组织无法保障世界和平，唯有广泛采取自由政策才能结束战争。

第二节　战争和市场经济

人们普遍认为，市场经济在和平时期是被允许的，但在紧急情况下——例如战争状态——政府必须控制生产。在战争期间，通常用于消费财的资源必须转移到军事生产中，私人消费必须下降。假如企业家获得许可来迎合这个新需求（政府将钱花在军事用途上）并从中牟利，他们就能够高效地完成这个转换。无论政府是从高税收中提高收入，还是增加借款，甚至推行通货膨胀，人民的购买力最终都将缩小，他们会减少消费并将实物资源转移到军事用品的生产中。

在第二次世界大战中，这个过程在美国被延长了，因为该国政府遵循的是，即使在战争期间工人的实际工资也不许下降的工会原则。最后，该国政府放弃了高额征税，而是通过控制价格来阻止"发战争财"。鉴于这些事实，唯一的解决方案是通过实施配给计划和其他控制措施来进一步干预市场，以确保充足的资源流入战争工业。

现代战争的胜利依靠的是物质资源。资本主义国家击败了计划经济，因为私营企业在大量生产物品上更有效率，而无论这些物品是和平时期的消费财还是为政府生产的武器。虽然如此，最终来说，战争和市场经济是互不相容的，因为市场依赖和平合作。

第三节　战争和经济自给自足

假如一个裁缝和一个面包师相互宣战，显而易见，面包师可以多花时间等待一套新衣，而这个裁缝则不能没有面包。与此类似，德国之所以输掉了两次大战，是因为德国无法封锁英国，也不能维持自身的海上补给线。

德国军方意识到了自身的脆弱性，因此强调中央计划和自给自足的需要。他们把希望放在代用品（Ersatz）上。然而，这些代用品与（无限制的市场）的国外进口商品相比，要么劣质，要么太贵，要么两者兼备。但代品用之劣质不是资本主义心智的遗产。拥有劣质装备的士兵在使用最先进物质的敌军面前处于下风，更高的生产成本意味着从给定资源中产出更少的制成品。

第四节　战争无用

干预主义孕育出经济国家主义，随之孕育出黩武精神。这个趋势的内在是一致的，只有自由政策才与持久和平相一致。

要点诠释

在本章中，米塞斯运用自如的不仅有经济学家的杠杆，还有军事历史学家之技巧。与流行的教条相反，企业家在生产坦克方面，也与生产电视一样比集中计划者更有效率。然而，从长期来看，市场经济依赖于分工，而分工要求和平合作。全面战争在现代的崛起源于"中央集权论"和干预主义之兴盛。

知识点拓展

（1）米塞斯关于"根绝战争的战争"的论述（第993—998页）针对的是拿破仑时代的欧洲人，它表明现代人的宣传口号毫无新意。

（2）我们无法确定米塞斯是否推崇美国生产合成橡胶的计划（第1005页）。然而应该注意的是，私营企业出于供应受阻的可能性，会十分理智地供应充足储备，甚至发展替代性生产技术。考虑到政府独占军事，那么米塞斯推崇这种计划并无矛盾。他的重点在于，德国军人误将替代品成本纯粹当成布尔乔亚的虚构。

习 题

第一节 全面战争

- 据英国自由主义前辈及其大陆友人所说，能够妥善地维护永久和平的是什么？

  评论：对于全面战争是侵略性民族主义的一个衍生物这一看法，没有人有异议，但是，这只是一个循环论证。我们把侵略性民族主义称为导致现代全面战争的意识形态。其实，侵略性民族主义是干预主义政策和国家计划的必然衍生物。"

- 按照米塞斯的观点，是什么将贵族军队之间的有限战争转变成全面战争的？
- 和平共存的必要条件是什么？

第二节 战争和市场经济

评论："它（政府）屈服于工会的主张，承认工人的实际净收入应该维持在一定水平，以使工人在战时也得以维持战前的生活水平。"

- 为什么这个因筹集战争费用而被采纳的方法使得政府管制成为必要？
- 从和平到战争的转变，改变了市场结构，并使得市场调整成为必要。这个市场调整是怎样构成利润的来源的？

评论："战争和资本主义不相容，这句话的真正意思是，战争和高度文明不相容。"

第三节 战争和经济自给自足

- "代用品"主义的意思是什么？这个学说的两个命题是什么？为什么两个命题都是错误的？

第四节 战争无用

评论："经济民族主义——国内干预主义必要的互补教条，会伤害外国民众的利益，从而引起国际冲突。"

- 为什么制造新的致命武器不是祸根？什么是战争的真正根源？

评论："击败侵略者不足以维护持久和平。重要的是，抛弃能够产生战争的意识形态。"

第三十五章　福利原则与市场原则之争

本章概要

第一节　反对市场经济的理由

市场经济的批评者必须承认,市场经济日复一日地发挥作用,而且不负众望,实实在在地提高了每个人的生活水平。当前对市场风行的批评是,它不管福利,只求利润。虽然从广义上说没有人反对福利,但"福利"这个词还是空洞的。自由主义者和纳粹分子都可以宣称其计划是为了获得尽可能多的幸福。最终来看,现代福利经济学家对于纯粹的市场经济的批评,集中于它的三个特征:贫穷、不平等及不安定。

第二节　贫　　穷

许多乌托邦作家会幻想人人拥有一块大到足以养活自己的土地。问题在于,这种安排无法维持。人口增长必将使后代所得的土地越来越少，或者社会被撕裂成地主与人数不断增加的被剥夺继承权的贫民。在现代资本主义崛起前数个世纪，恰恰是这些"多余"的劳动者被政治家和哲学家看作"穷人"。当时的社会结构中确实没有这些人的立锥之地。

随着自由资本主义及其哺育的工业化的兴起，这一切已经彻底改变了。如今，这些缺衣少食的乞丐可以通过在工厂中做工养活自己。在某些现代国家，大规模贫穷之所以会继续存在，首先是由于这些国家相对低的人均资本，但最根本的原因是它们不能成功地接纳资本主义。比起世界其他地方的人，西方劳工的生活也有如贵族。

即使在资本主义制度下，也有不能养活自己的残疾者。反讽的是，允许那些原本无法生存的人生存下去（在他人的关心爱护之下），正是资本主义的成就。维持这些人生存的资金，从历史上看，既来自政府，也来自通常结成宗教组织的私人慈善。

慈善常因不够多而备受责怪。可是干预主义自身通过制造大规模失业以及通过通胀破坏储蓄等手段削弱了私人慈善的力量。慈善也因其有损于受助者的人格而备受指责。然而在这里，干预主义者是自相矛盾的，因为他们恰好又对市场中"生意式的"契约交易——缺少人性化因素——感到厌恶。取而代之的"法定生存权"消除了人们养活自己的动机。依靠官僚的一时喜好是否就比依靠慈善家的仁慈更不得体，这是值得怀疑的。

第三节　不平等

收入与财富的不平等是市场经济的内在特征，执着于平等将摧毁市场。实际上，那些呼吁平等的变革家只是想劫掠那些比自己更会赚钱者的收入,美国工人可不愿与收入水平低于他们的世界其他95%的人分享收入。

回顾历史,某些作家之所以抨击传统等级制特权,是因为他们相信自然权利及形而上学的人人平等的信仰。功利主义者和经济学家同样推崇法律面前人人平等,但这是一个务实的目标,是让最有能力的生产者最好地满足消费者的需求所必需的。经济学家深知,正是因为某些人比其他人更有能力,所以资本主义的精英式管理才是必要的:这可以让他们一展出众的才干。

东方国家和伊斯兰国家尽管起初领先于西欧,而今停滞不前的原因正是它们的独裁统治者不允许臣民积累大量财富。它们推行物质平等的理想,而资本主义国家则容许个人收入和财富的不平等。

尽管个体也许只会"自私地"为他未来的消费(或其继承者)而储蓄,但提高生活水平的唯一途径在于人均资本量的持续提升。虽然如此,个体也通过增加资本财供给为所有人提供了服务,并因此提高了劳动生产力。干预主义的破坏力甚至完全逆转了这一趋势。政府对于私人财富征税并代之以"社会保障"规定,然而,这些规定与真实储蓄并不一致,它只是未来纳税者的借条。私人对消费的节制不会扩大资本财的供给,因为它被(部分)抽离出去,并进入政府的消费财开支。

福利经济学家在他们的政策建议中完全没有考虑资本财的供应,这应该使福利经济学家根本没有资格被归类为经济学家。

第四节　不安全

在某种意义上,资本主义的确助长了其批评者所憎恶的收入和财富"不安定"。然而,这种不安定不能归咎于资本家,而应该归咎于消费者。消费者每天追逐那些最能满足自己的需求又最廉价的产品和服务。这就是为什么成功的厂商总在承担失败的风险:因为他们必须每天在竞争中赢过层出不穷的对手。

从这个角度来看,对过去时代田园式的描写是荒谬的,现代工人绝对不愿意和中世纪的农民交换位置。大萧条的不安定源于干预主义而非自由经济。

第五节 社会正义

在某个方面,现代福利理论家比老一辈变革家高明。现代宣传者至少意识到,一个社会制度的唯一优点在于有能力让人们实现其目标。

即便如此,现代福利理论家仍从开始批评市场经济的那一刻就陷入了偏执,并最终退回到超人独裁者这个手段。这些超凡者总能创造卓越的成就,能做成由凡夫俗子组成的市场所不能做成的事。

市场经济允许人口史无前例地增长,伴以生活水平前所未有地提高。福利学派对于现代社会的批评仅仅证明了稀缺性的存在,以及人们从更多消费中获益。这些观察不能撼动资本主义这个可以解决这些问题的最佳制度。

要点诠释

在这重要的一章中,米塞斯依靠之前所阐述的经济学理论,捍卫资本主义免受以下三种常见主张的攻击，它们几乎为所有驳斥批评者的意见提供了基础，即资本主义制度下的贫穷、不平等及经济不安定的存在。

知识点拓展

（1）米塞斯写道（第1020页）："如果18世纪的英国人执迷于收入平等的妄想，那么自由放任的哲学将不适合他们的口味，就像它现在不讨亚洲人或伊斯兰人喜欢那样。就这个意义而言，历史学家必须承认，封建制度和庄园制度的意识形态遗产对我们现代文明的兴起是有贡献的，尽管现代文明和旧时传统大不相同。"

在此，米塞斯解释了亚洲人远比英国人更加崇尚物质平等的理想（尽管是独夫之下的万民平等）。讽刺的是，米塞斯论证说，正是封建制度的整体不平等让西方人容忍现代资本主义下不平等的存在，并从新的社会安排中受益。

（3）在一个脚注中（第1026页脚注1），米塞斯写道："当然，确认这个事实——维持资本结构需要当前消费的节制，不等于赞同那些尝试把利息说成禁欲之'报酬'的理论。在真实的世界里，没有什么神秘力量奖励谁或惩罚谁。"

在这里，米塞斯批评了所谓利息的节欲理论，这个理论将利息现象解释成对储蓄者延迟消费的痛苦的奖赏。庞巴维克同样也对这个理论给予了深刻的批评。当然，庞巴维克与米塞斯两人都认为对于利息的真正解释是，现在物品相对于未来物品更高的主观评价。

（3）米塞斯巧妙地击败了关于国债的狡辩，这个观点是："那是我们欠我们自己的。"正如米塞斯所指出的，资助政府债务的那些纳税人，可不是享受政府支出的那一批人（第1027—1029页）。

习 题

第一节 反对市场经济的理由

评论："一个原则如果如此广泛地涵盖了所有教条，却不管这些教条彼此多么矛盾，那它显然是一无是处。"

第二节 贫　穷

- 米塞斯在"这种社会固有的缺点是，人口的增加必然导致越来越贫穷"一句中描述的是什么制度？
- 关于人均投入资本，是什么将西方与亚洲区别开来的？资本投入匮乏的后果是什么？
- 将殖民国的普遍贫穷归咎于西方列强为什么是错误的？

评论："在资本主义框架内，'贫穷'这个概念仅指涉那些无法照顾自己的人。"

- 在资本主义制度下，谁来照顾那些由于身体缺陷而无能力者？
- 慈善的两个所谓的缺点是什么？
- 社会保障制度消除了哪些动机？

第三节 不平等

- 为什么收入及财富不平等的消失会摧毁市场经济？

评论："有史以来最专制的统治制度——布尔什维克主义，却伪装'人人自由平等'原则的化身而夸耀于世。"

- 为什么自由主义者选择了法律面前人人平等的原则？
- "那是我们欠我们自己的"——公共债务并非负担的论证有什么错误？

评论："政府开支和不平衡预算只是资本消费的同义词。"

第四节　不安全

评论："未受干扰的市场社会特征是，丝毫不尊重既得利益。"

- 按照米塞斯的观点，1929 年事件的解释是什么？关于安定问题，为什么说这个时期是重要的？

第五节　社会正义

评论："他们说来说去，永远是国家、社会或其他专为超人般的独裁者巧妙设计的代名词。"

- 为什么市场经济用不着辩护者和宣传家？

第三十六章 干预主义的危机

本章概要

第一节 干预主义的收获

干预主义正如经济学家所预测的，其负面作用已结出恶果。然而，有人认为不是世界大战、萧条、饥荒和内战导致了干预主义的危机；正相反，他们把这些灾难归咎于资本主义。即便如此，干预主义仍正在走向尽头，因为它已经黔驴技穷。

第二节 备用财源的枯竭

干预主义的本质在于，他们想给工人福利或好处，却要求雇主或富人为此买单。到20世纪中期，这些计划的恶果在欧洲合乎逻辑地发生了，美国也步其后尘。储备金——富人财富、企业家的收入——已经被榨干，这样，新的政府开支或商业管制显然就要由大众来承受。

第三节　干预主义的终结

干预主义的终结有三个理由。首先，管制措施就其本质而言无法构建一个生产体制。其次，市场中的各种干预无法实现干预主义者所追求的那个最终目标。这些失败只会引发进一步的干预。最后，干预主义意在掠夺某个群体的"有余"，弥补另一群体的"不足"。一旦耗光剩余，干预主义必定会走到尽头。

20世纪中叶，绝大多数欧洲国家均已采取了德国社会主义模式，即私人保留名义上的生产资料所有权，但政府实际上采取了中央计划政策。尽管这些国家因为上述政策遭殃，但它们可以依赖剩余资本主义国家的市场价格。

从来就没有不可阻挡的力量推动人们选择能带来进步的社会制度，旧症总有可能复发。必须要说的是，人们必须在计划经济和市场经济中做选择，不存在稳定的"中间道路"。假如全世界的人都接受了计划经济，那么经济计算就不可能了，结果将是彻底混乱及社会合作的解体。

要点诠释

本章十分发人深省，米塞斯论证了干预主义不是一个可行的体制，因为富有资本家的"剩余"财富最终将被耗竭。长期来看，人们必须在市场经济和全面的计划经济中做出选择。

知识点拓展

（1）从事后角度评价米塞斯的主张也很有趣。以美国为例，有人也许会说，美国朝着社会主义的趋势推进至20世纪70年代，然后就在某些方面扭转了进程。从多方面来看，21世纪的美国政府比以往更有权力。

（2）米塞斯将英国描述成一个社会主义国家，并且提出是温斯顿·丘吉尔主导了这一转变，这也许让许多读者大惊失色（第1042页）。

习　题

第一节　干预主义的收获

评论："干预主义已经耗尽了所有潜能，因此，它必定会消失。"

第二节　备用财源的枯竭

- 干预主义的实质是什么？

评论："事情变得越来越明显了，公共支出的金额要大量增加是不可能再用'压榨富人'的办法来实现的，而是必须由一般民众来承担。"

第三节　干预主义的终结

- 导致干预主义终结的三个理由是什么？
- 关于私有制及公有制之间的冲突可用哪三点说明？

第三十七章 经济学的其他性质

本章概要

第一节 经济学的奇特性

经济学不同于其他学科的纯粹知识及其实际应用,因为经济学理论无法被经验证实或证伪。一个由错误的经济学理论所指导的行为自然不会成功,但这个错误在历史的纷繁复杂中却被各种历史事件所掩埋。经济学家无法像医生驳斥巫师或术士那样驳斥经济学界形形色色的江湖骗子。例如,一名凯恩斯主义者可以考察大萧条的历史年表,并很欣慰他的理论被"这些事实"所证实。在试验性的自然科学当中,这种自欺欺人的方式是难以维持的。

第二节 经济学和舆论

经济学在另一方面也与其他学科不同:为了让经济学家的

洞见能对文明有益，首先必须说服大众。其他领域中的先驱受众人嘲笑时可以继续努力，最终的成功会成为他最好的辩护。但是，好的经济政策却无法靠一些杰出的思想家落实，所有政府最终都要依靠舆论。假如公众坚持错误的学说，经济学家的才能也就只能付诸流水了。

第三节　老一辈自由主义者的错觉

启蒙自由主义哲学家犯下了一个严重的错误：他们假设大多数人会因为无可否认的好处及其（受假定）正确的推理能力而支持资本主义。这些自由主义前辈没想到反资本主义宣传的成功，甚至西方国家的民众也相信他们日渐贫穷化——虽然明显背离事实。

要点诠释

在本章中，米塞斯为那些希望推进自由主义理想的人提供了一个出发点。摆在这些改革家面前的困难有两个：一是历史经验无法"驳斥"坏的经济学；二是在好的经济政策实施之前必须先说服大多数人。

知识点拓展

（1）米塞斯阐明了，尽管正确的经济学理论所凭借的是先验推理证明，却对行为人具备实际的价值（第1048页）。虽然这点显而易见，但是许多行为学的批评者将米塞斯的主张错误理解成行为学对

"真实世界"毫无用处。

（2）米塞斯写道（第1050页）："广大群众……并没有什么健全或不健全的思想。他们只在人类的知识领袖发展出来的各种意识形态之间做选择。但他们的选择就是最终的选择，并决定事态的发展"。

在评论推进自由的策略时，上述言论是一个微妙的立场。某些人称自由市场的现代拥护者应以转变知识分子为目标，而其他人则主张瞄准普通人更为重要。此处，米塞斯没有解决这个争论，而是表明经济政策最终依靠大众的见解——尽管他们所采纳的见解基于精英的主张。

习　题

第一节　经济学的奇特性
- 经济学理论为什么不受经验证伪或证实？

第二节　经济学和舆论
评论："舆论霸权不仅决定经济学在错综复杂的思想和知识体系中所占据的那个奇特角色，也决定了整个人类历史。"
- 人类社会的繁荣发展取决于哪些因素？

第三节　老一辈自由主义者的错觉
- 自由主义前辈在公众舆论方面忽视了哪个事实？其后果是什么？

第三十八章　经济学在学术界的地位

本章概要

第一节　经济学研究

有人以为建一所经济周期研究所就能揭示对抗商业周期的方法，就好像花钱资助癌症机构就能发现癌症疗法一样，这种认识是错误的。经济学家并非在相关历史事实上互不认可，他们的不一致表现在解释经济历史事实所用的先验理论。

历史学派和制度学派想要替换经济学理论，并用"经验"研究取代它的位置，其原因是他们无法驳斥经济学家的自由经济理论。

好的经济学理论所需要的不是大财团的慷慨解囊，而是清醒的思考。

第二节　作为一门职业的经济学

早期的经济学家不将经济学视为一门职业，他们之所以著书立说，只是为了引导其同胞支持好的经济政策。在现代，经济学作为一门职业发展起来，是干预主义的衍生品。政府、工会、大企业及其他组织依靠经济学家引导他们实施干预主义政策。尽管这些职业经济学家中的许多人都是杰出人物，但他们的才干却被狭隘地用于增进其所关注的小群体的利益。

第三节　作为一门职业的商业预测

由信用扩张引发的周而复始的"繁荣—萧条"周期自然会引导各企业雇用经济学家，以求他们协助预测经济拐点。然而，经济学家仅仅知道繁荣期的错误投资必定带来萧条，他们无法预测事件发生的准确时间。此外，成功的企业家不仅需要准确的预测，而且需要比他的竞争对手更准确地预测。假如每个人都知道经济衰退的日期，那么便没有人能够从这样的知识中获利。

第四节　经济学和大学

让大学教授感到压力的不仅仅是教学，还有原创性的研究。然而，在经济学中，可以真正推动经济学理论的思想家在任何时候都寥寥无几。因此，成千上万的学者从事着"划界为牢"的分析，如"劳工经济学""国际经济学"等。尽管实际上经济学是一个统一的整体，但这个领域不可能有像专门研究心脏或脑部的外科医生那样的专家。

讽刺的是，那些始终如一的学生看穿了他们的教授所鼓吹的干预主义之逻辑缺陷。这些学生将老师的学说推至逻辑终局，并转而支持计划经济。

第五节　通识教育和经济学

每个人都能认识到，在宗教领域，真正的中立是不可能的。正是出于这个理由，自由主义者接受了政教分离。然而，在历史学与经济学之间同样存在着冲突。绝大多数学生都不够成熟，他们无法掌握必须做出选择时所需要的全部知识，并且也没有足够多的老师能用中立的态度介绍竞争性观点。政党没有更努力地争夺对公共学校的控制的唯一理由是，民众更多地从其他信息来源接受信息并形成了自己的观点，比如媒体。

第六节　经济学和公民

16世纪和17世纪，主要的政治争议集中于信仰。18世纪和19世纪的历史议题是代议制政府与绝对王权之争。20世纪（似乎也在21世纪），几乎所有的政治争议都围绕着经济学，即计划经济和市场经济之间的争议。因此，现代公民有义务掌握基本的经济学理论。

第七节　经济学和自由

现代政府执着于压制自由的经济思想。政治家和权威人士表现得就好像前几个世纪的经济学分析不存在一样。面对这样的困难，一切有理智的人所能做的就是坚持不懈，并且设法向足够多的同胞揭示真理。

要点诠释

在本章中，米塞斯论述了经济学从一种使命到一门职业的历史演进。他对于经济学教育的描述——无论是基础教育还是大学教育，就今天而言依然是准确的。本章与上一章一起让米塞斯理论的支持者了解传播正确思想所面临的困难。

知识点拓展

（1）米塞斯写道（第1053页）："各门自然科学总是以实验室的实验所确认的事实为基础。物理学和生物学的理论则被拿来和这些事实相比较，如果它们与这些事实相抵触就必须被抛弃。"

尽管这只是与自然科学做对比的一个铺垫，但这一段落也许会误导某些读者。即使实验科学的"事实"也浸透着理论，科学家在解释他们的观点时不得不依靠先前的理论。

（2）米塞斯写道（第1064页）："在一些国家，如果没有不同语言群体之间斗来斗去的烦恼……那么公立的国民教育就可以发挥很好的作用。"

在其他著作中，米塞斯阐述了他关于语言决定一国中谁掌握政治权力的观点。因此，在那些多语言地区，学校之间存在着激烈的竞争。

习　题

第一节　经济学研究
- 自然科学与人类行为学之间最基本的认识论差异是什么？
- 哪种经济史的观点对经济学本身有帮助？

    评论："与逻辑和数学一样，经济学是抽象推理。"

第二节　作为一门职业的经济学
- 职业经济学家与干预主义之间的关系是什么？
- 干预主义是否意味着，政治参与只有那些与压力集团勾结在一起的人有关？

第三节　作为一门职业的商业预测
- 如果有可能计算出未来市场的状态，那么这将意味着什么？
- 就未来的不确定性而言，是什么使得工商业者有别于统计学家？

第四节　经济学和大学
- 对于税收支持的一些大学及其招聘政策，米塞斯得出了怎样的观察结论？
- 大学的宗旨是什么？
- 学术传统需要什么？
- 为什么将经济学划分成不同部门是无益的？为什么只有始终如一的经济学？

第五节　通识教育和经济学
评论："在处理历史教学的国内含义时……老师本人或教科书撰述者

本人的社会哲学会使他们的叙事染上个人色彩。"
- 为什么普通教育对后代人政治、社会和经济思想的形成所发挥的作用并不大？

第六节　经济学和公民
- 按照米塞斯的说法，我们这个时代公民的主要义务是什么？

第七节　经济学和自由
评论："关于商品价格、工资率、利率和利润的讨论，就好像它们不受任何经济法则制约似的。"

第三十九章 经济学和人生的一些基本问题

本章概要

第一节 科学和人生

据某些批评家所言，科学因其价值中立而枯燥无味。然而，科学向人们提供了信息，以便他们做出适当的评价，并采取适当的手段实现目标。从哲学观点来看，诚然所有行为皆为"徒劳"，因为人永远也无法满足。即便如此，他们依然会采取行动，以达到一个更令人满意的状态。

第二节 经济学和价值判断

伴随着以上批评——当经济学向人们展示如何生活时应该保持价值中立——还存在着另一种批评，即一些经济学家在分析时偷偷带入了价值判断。经济学家本身要在一定程度上为这种混乱负责。假如一个经济学家说价格管制是"坏"政策，只要他实际上说的是这个政策不能实现其所设定的目标,就是基于科学的理由。同样,经济学家推荐市场经济,也应该是因为市场经济以普遍繁荣与和平为目标。

另一个常见的反对理由是,经济学家认为人们只关心物质享受,而实际上人们也关心"非理性"目标。这个观点是毫无根据的,因为经济学就是这样处理行为的,而并不假设行为指向物质目的。

第三节　经济知识和人的行为

人的行为和选择自由有三种限制:第一,自然法则的存在;第二,个人先天的特质及环境因素;第三,关于手段与目的之间联系的那些现象的规律性。

正是第三种对于人的自由选择的限制属于行为学。假如忽视了它的教诲,人们并不会消灭经济学,被毁灭的正是我们的社会及人类。

要点诠释

在最后这一章中,米塞斯提醒读者注意经济学的本质,以及这个本质与最终价值判断的关系。收篇结语是他的警告,即对经济学教诲的忽视会毫不夸张地导致人类本身的毁灭。

知识点拓展

（1）米塞斯写道（第 1073 页）："如果经济学家宣称最低工资率是不好的政策，那么他的意思是，该政策的实施结果和实施该政策的目的背道而驰。"

米塞斯的追随者罗斯巴德修正了这个分析。实际上，许多政治家及官僚推行干预政策是为了实现他们所追求的目标——赢得选举或获得更多预算。

（2）米塞斯相信价值判断最终超出了理智分析（第 1073—1075 页），这是米塞斯与罗斯巴德的另一个分歧所在。罗斯巴德反对所谓的"实然—应然"两分法，认为理智能够阐明人的恰当目标。即便如此，罗斯巴德赞成行为学作为一门价值中立的科学，认为这种判断是恰如其分的。

习　题

第一节　科学和人生

- "价值中立"是什么意思？在现代科学中它是如何被看待的？

  评论："科学不做价值判断，但科学提供了行为人的所有价值判断可能需要的一切信息。"

  评论："行为学的主题只是人的生命的基本表现，也就是行为。"

第二节　经济学和价值判断

- 一个经济学家在什么意义上称一项政策好或坏？
- 经济学家对于人们不总是追求物质享受的反对意见是如何回答的？
- 经济学是如何做到无关政治或非政治的？

第三节 经济知识和人的行为

- 人的自由选择与自由行为是怎样受到限制的?

  评论:"但如果他们不能充分利用经济学,并且漠视经济学的教诲和警告,经济学也不会因此失效,被毁灭的将是整个社会和人类自己。"